L'INSTITUTRICE D'IZIEU

DU MÊME AUTEUR

Le Chagrin des innocents
Itinéraires d'enfants juifs de 1939 à 1947
Grasset, 1998

La guerre sépare ceux qui s'aiment
1939-1945
Grasset, 2001

Petit Louis
Histoire d'un héros de la Résistance
Hachette littératures, 2002

Je vous promets de revenir
1940-1945, le dernier combat de Léon Blum
Robert Laffont, 2009

Enfances
Un siècle d'histoire
Armand Colin, 2011

Berty Albrecht
Perrin, « Tempus », 2014

DOMINIQUE MISSIKA

L'INSTITUTRICE D'IZIEU

ÉDITIONS DU SEUIL
*25, bd Romain-Rolland, Paris XIVe*

ISBN 978-2-02-114210-5

www.seuil.com

La servante au grand cœur dont vous étiez jalouse,
Et qui dort son sommeil sous une humble pelouse,
Nous devrions pourtant lui porter quelques fleurs.

BAUDELAIRE, *Les Fleurs du Mal*, 1857.

Honorer la mémoire des anonymes est une tâche plus ardue qu'honorer celle des gens célèbres. L'idée de construction historique se consacre à cette mémoire des anonymes.

WALTER BENJAMIN,
Paris capitale du XIXe siècle, 1939.

Préambule

Quand ai-je entendu parler pour la première fois de l'institutrice d'Izieu ? Probablement en 1987 au moment du procès Barbie, et sûrement quand, en 2000, Gabrielle Perrier-Tardy apparaît à l'écran, alors que je visionne les images du procès, le temps de sa déposition, terriblement intimidée et bouleversante.

Sur ordre de l'officier SS Klaus Barbie, ses élèves ont été raflés le jeudi 6 avril 1944. À la barre, elle les décrit du mieux qu'elle peut. À ses yeux, c'étaient des enfants comme les autres. Elle savait qu'ils étaient juifs, peu lui importait, elle était leur institutrice, et sa mission était de leur apprendre à lire, à compter et à écrire. Elle ne sait pas qui les a dénoncés.

Est-elle une héroïne ? Certes non. Elle n'a pas pris les armes et risqué sa vie. Mais elle a été exemplaire. Est-ce si simple de savoir comment se conduire ? Quand les uns se détournent ou refusent de tendre la main, elle, ignorante de beaucoup de choses, a fait son devoir, et au-delà. Maîtresse d'une classe unique, une quarantaine de filles et de garçons de 5 à 17 ans, elle s'est employée à les instruire comme tous les écoliers de France. Sauf que la mort les attendait. Jusqu'à la fin de sa vie, elle exprimera le regret de ne pas avoir eu conscience du danger qui les cernait.

En 1944, elle a 22 ans. La scène atroce de la rafle, qu'elle n'a pu qu'imaginer, a introduit en elle le sens du mal, et elle ne s'en est jamais remise. Jamais elle ne s'éloignera longtemps des lieux du drame. Sans doute a-t-elle aimé contempler les paysages du Bugey où elle était née et où les enfants avaient cru trouver refuge.

Pourquoi écrire sa biographie ? Parce que l'institutrice est restée discrète, silencieuse, anonyme, alors qu'elle incarne la noblesse d'âme, la dignité, la modestie. Sa vie, en apparence minuscule, brisée par l'Histoire avec sa grande hache, comme le disait Georges Perec, symbolise les souffrances muettes de la guerre.

A-t-on jamais vu une maîtresse dont les quarante-quatre élèves ont été raflés ? Elle n'est ni orpheline de guerre, ni veuve de guerre, ni parente de victime, mais elle en a tous les stigmates.

L'histoire retient à peine son nom. C'est ainsi. Au lendemain de la guerre, on l'ignore, on la relègue au deuxième plan. Gabrielle Perrier-Tardy est hors caméra. Parce qu'elle ne réclame rien, parce qu'elle est « invisible » aux yeux de beaucoup, et parce qu'elle croit que son témoignage ne compte pas. Parce qu'elle a fait le choix, aussi, de se tenir à sa juste place par rapport à un événement dont elle n'est pas un acteur principal. Seule la justice, quarante-trois ans plus tard, lui accordera un peu de reconnaissance.

Qui est-elle au juste ? Percer le secret d'une existence est une tâche ardue. La réponse revient plus d'une fois chez ceux que j'interroge, famille, rares témoins encore en vie, archives, historiens, documentalistes : « Elle était si discrète… »

Je l'avoue. En 2005, j'ai laissé échapper l'occasion de lui parler. Je menais alors une mission de recueil de témoignages de déportés, d'enfants de déportés et de Justes, et Gabrielle Perrier-Tardy a décliné ma proposition d'entretien. Je l'ai sentie effarouchée et n'ai pas insisté, la regardant partir silencieuse, se fondant dans la foule, disparaissant comme un fantôme. D'où cette enquête de mémoire et d'histoire.

Pour restituer au plus près ce qu'a été sa vie, il m'a fallu partir sur ses traces.

Certes elle a consigné par écrit ce dont elle se souvenait. Cinq mois relatés de manière sobre et pudique sur une vingtaine de feuilles quadrillées, d'une écriture soignée, bien lisible, et au stylo bleu. Mais ce texte est si court qu'il laisse beaucoup d'ombres. Sa famille a conservé les lettres qu'elle a reçues, les articles de presse qu'elle a découpés sur la rafle dès la fin de la guerre et jusqu'à ses derniers jours, ses agendas soigneusement conservés à partir des années 1970, sa déposition au procès Barbie et sa correspondance avec les anciens d'Izieu. Tout cela dit un peu de son intimité, mais si peu.

Les citations de Gabrielle Perrier-Tardy et des autres protagonistes rapportées dans ce livre proviennent soit de ses archives personnelles, soit des archives de la Maison d'Izieu, conservées sur place et à la BNF. J'y ai puisé de nombreux éléments de ce récit et je remercie vivement Geneviève Erramuzpé, sa directrice, ainsi que toute son équipe, de m'avoir abritée plusieurs jours, me permettant ainsi d'étudier la documentation et de m'imprégner des lieux que je connaissais mal.

En tout premier lieu, j'ai bénéficié du généreux soutien de Pierre-Jérôme Biscarat, responsable pédagogique du musée, et auteur lui-même d'un ouvrage consacré aux enfants d'Izieu.

Les archives du procès Barbie m'ont été très précieuses, l'on ne s'en étonnera pas.

Les témoignages de ceux qui l'ont connue, enfin, étaient indispensables.

Ce livre n'aurait pas pu voir le jour sans la gentillesse et l'aide de sa famille, qui m'a ouvert ses archives. Qu'elle soit ici remerciée pour sa bienveillance et sa patience.

Au terme de ce travail, j'adresse mes remerciements les plus vifs à tous ceux et celles qui ont accepté de répondre à mes questions : Laure Adler, Marie Ange Baron, Guy Bedos, Kathel Houzé, Cécile Lefort, Robert Mériaudeau, Suzanne Monnet, Josiane Plantrer, Marie Perticoz, Henri Rampin, Roland Rappaport, Samuel Pintel, Jacqueline Tardy et Hélène Waysenson.

Avant de refermer la liste, je voudrais remercier Anne Sastourné pour sa lecture attentive et son soutien chaleureux.

Dominique Missika, 13 novembre 2013.

Cathédrale de Belley,
lundi 4 janvier 2010

Il neige à gros flocons.

La cathédrale Saint-Jean-Baptiste est remplie.

À Belley, ce jour-là, on célèbre les obsèques de Gabrielle Perrier-Tardy, celle qu'on appelle « l'institutrice d'Izieu ».

Elle avait 87 ans.

Belley, septembre 1943

À l'automne 1943, Gabrielle, Gaby pour sa famille, a tout juste 21 ans.

C'est une fille sérieuse, serviable, rangée, avenante et qui, somme toute, s'accommode de son existence. Célibataire, elle vit dans la ferme de ses parents à Colomieu, un petit village du Bugey, dans le département de l'Ain, à quatre-vingts kilomètres de Bourg-en-Bresse, où l'on cultive un peu de vigne, de l'orge, du blé, et où l'on élève des vaches. La campagne est tranquille, assez isolée, et les échos de la guerre lui parviennent comme assourdis. Son souci, c'est son travail et de savoir dans quel village elle sera envoyée comme institutrice suppléante.

En deux ans, elle a effectué sept remplacements. Entrée dans l'Éducation nationale « par la petite porte », comme on dit, c'est-à-dire sans être diplômée de l'École normale, elle est condamnée à se mettre à la disposition de l'inspection d'académie qui l'envoie là où manque, pour une semaine, deux, parfois un mois, le ou la titulaire.

Or, alors qu'elle se prépare à succéder à M. Verdun,

en poste à Prémeyzel à six kilomètres de chez elle, tout tombe à l'eau parce que ce dernier n'a pas reçu l'exeat qui lui permettrait de retourner dans le Nord d'où il vient. Horriblement déçue, elle se sent comme Perrette et son pot au lait. La rentrée scolaire approche à grand pas et elle a beau espérer à chaque passage du facteur, celui-ci ne lui apporte toujours pas d'enveloppe marron expédiée de Bourg-en-Bresse. Dedans, il y a en principe une lettre à en-tête de l'inspection d'académie de l'Ain qui commence par « Prière de se rendre à... ». Un poste, à ses yeux, c'est une aubaine. Comment imaginer ne pas faire la rentrée des classes ? L'endroit est presque secondaire, du moins le croit-elle. Quoi qu'il arrive, il lui faut travailler. À son âge, il n'est plus question d'être à la charge de sa famille. À défaut d'un poste fixe, en enchaînant les remplacements elle touche une coquette somme, fruit de ses efforts et du sacrifice de ses parents. N'est-ce pas la preuve qu'elle est devenue « quelqu'un » ? Elle a poursuivi ses études au-delà du certificat d'études et elle gagne sa vie depuis deux ans. La simple idée de décevoir son entourage la rend malheureuse.

L'attente est pénible et la préoccupe. Doit-elle trouver autre chose ? Elle aime ce métier qu'elle a choisi en toute connaissance de cause et qui lui procure de grandes satisfactions. Grâce à sa mère, elle-même institutrice et qui l'a encouragée, elle a foi en sa vocation et apprécie sa position qui fait d'elle une sorte de privilégiée. Des vacances, une indépendance financière, elle est sûre qu'elle ne se mariera pas seulement pour « se faire une situation », ni, grand Dieu !, ne sera obligée de rester à la terre. Un métier propre, un travail au chaud, c'est plus qu'appréciable. Et puis c'est conciliable avec la joie d'être mère. Au milieu de ses élèves, elle est heureuse, bien plus qu'en compagnie des adultes avec qui, perdant ses moyens, elle se sent un peu gauche.

À trois semaines de la rentrée, toujours rien, sauf la convocation pour la conférence pédagogique. C'est obligatoire. Il s'agit, selon un arrêté qui date de 1880, de « mettre en commun le fruit de l'expérience scolaire quotidienne, se communiquer mutuellement les petites découvertes pratiques que chacun a faites dans sa classe, s'éclairer par la discussion ». Jamais elle ne manque ces réunions, surtout parce qu'elle en profite pour nouer des relations avec ses collègues du canton. Mais si, cet après-midi de septembre, Gabrielle pédale à vive allure dans les rues étroites de Belley, c'est par crainte d'arriver en retard et surtout dans l'espoir de s'entretenir avec M. Gonnet, l'inspecteur primaire qui donne son avis sur la nomination et l'avancement des instituteurs et des institutrices placés sous sa responsabilité. Depuis la veille, elle appréhende de lui parler, par crainte de bafouiller devant lui, bien qu'il ait la réputation d'être un excellent homme, juste et bienveillant.

Jupe plissée, chemisier clair et chandail léger, Gabrielle ne s'attarde pas ni au marché ni aux terrasses des cafés. Aucune envie de flâner depuis le départ des soldats italiens. Le 8 septembre, la radio a annoncé la capitulation sans conditions de l'Italie. En un clin d'œil, les *Alpini*, avec leurs chapeaux de feutre ornés d'une plume, qui occupaient la ville depuis la fin de la zone libre, le 11 novembre 1942, étaient partis. À vrai dire, personne ne les avait jamais vraiment craints. On se débrouillait juste pour les éviter. On les surnommait « les macaronis » ou « les piafs », ce qui valait à ceux qui s'en amusaient un peu trop fort sur leur passage quelques heures d'interpellation au poste, rien de plus.

Les soldats allemands lourdement équipés ont pris leur place, cantonnant place des Terreaux et se logeant à la caserne Sibuet, rue Mante, à l'entrée de la ville. Ils ont, dans la foulée, réquisitionné l'hôtel-restaurant Pernollet, gloire de Belley, où la Kommandantur a installé ses quartiers. Depuis l'atmosphère a changé. Contrôles d'identité, réquisitions, sauf-conduits nécessaires pour se déplacer, horaires de circulation, bons d'essence réservés aux médecins et interdictions en cascade sont devenus le lot ordinaire des habitants du Bas-Bugey jusque-là relativement épargnés. Avec l'instauration du couvre-feu de 22 heures à 5 heures du matin, cafés, restaurants et salles de spectacles se sont vidés. On se replie chez soi, on évite de bavarder avec n'importe qui. On écoute la TSF pendant le souper, tout en tournant les boutons de réglage pour capter la voix du speaker de Vichy ou de Genève. Faut-il écouter la radio « dissidente », comme on l'appelle, la « bibici » ? Gabrielle, guère au fait de l'actualité, ne sait pas trop. Certains autour d'elle lisent *Le Bugiste*, qui, à ce qu'on dit, est dirigé par le chef local de la Milice française, au service de Vichy et des Allemands. Elle s'en tient à *L'Abeille du Bugey et du pays de Gex* qui donne les nouvelles locales.

À vrai dire, elle n'a aucune conscience précise de la tournure des événements. Ils lui échappent comme à bien d'autres, sauf que la guerre s'éternise. Dans les conversations où l'on parle de Stalingrad, de bombardements alliés, de réquisitions ou de représailles, elle se garde de donner son avis, attitude qui n'étonne ni ne choque tant elle lui correspond. Mais, comme celui de ses proches, son moral est assez bas, et elle espère en secret la victoire des Alliés, qui tarde tant, et déplore les malheurs de l'Occupation. Les prisonniers de guerre, les requis du Service du travail obligatoire, le STO, les rations qui diminuent de jour en jour, la flambée des prix, autant de raisons de se plaindre. Si on ne lui connaît aucun engagement, elle reste cependant imperméable à la volonté d'embrigadement de Vichy. La Révolution nationale prônée par Pétain, qui dénonce l'enseignement primaire laïque comme responsable de la « démoralisation » du pays, ordonne l'épuration du corps enseignant et la révision des programmes, n'est guère suivie, d'autant moins d'ailleurs que l'Ain était sous occupation italienne jusqu'à l'automne 1943. Ce qui est important pour Gabrielle, c'est de toucher un salaire, si modeste soit-il. Vu les circonstances, toutes les rentrées d'argent sont bienvenues. Il suffit d'un pneu crevé, d'une machine en panne ou d'une vitre cassée pour frôler la catastrophe.

La fraîcheur saisit Gabrielle quand, en début de matinée, elle quitte Colomieu, son village, pour la sous-préfecture, Belley, distante d'une dizaine de kilomètres. Elle roule sur la route étroite du Moulin ; après une montée puis une descente sinueuses, elle atteint Arbignieu, prend la direction de Thoys, bifurque sur la droite pour traverser le pont de Furçans. Là, Gabrielle attaque encore une côte, la dernière mais la plus longue, passe par Meuillens avant d'entrer dans les faubourgs de Belley et de descendre la rue Saint-Martin jusqu'à la place des Terreaux. D'après Lamartine, qui a séjourné au collège de jésuites, un grand édifice sur les hauteurs de la ville d'où le regard tombe sur des jardins plantés de charmilles et qui porte son nom, il faut en admirer, outre sa cathédrale Saint-Jean-Baptiste, ses « maisons bâties de pierres grises dans une plaine ondulée aboutissant au Rhône ». Gabrielle n'a pas la tête à admirer dans la Grande Rue les belles maisons Renaissance à tourelle qui font la fierté de la ville, vite elle accroche sa bicyclette devant le portail de l'école primaire de la Vieille Porte. Il y a déjà du monde quand elle arrive, c'est l'affluence des grands jours. Les instituteurs et institutrices du canton se pressent à l'intérieur, se saluent, s'installent et s'empressent de sortir leurs cahiers pour prendre des notes.

À la fin de la conférence, au moment où la salle se vide, surmontant sa timidité, Gabrielle s'approche de l'inspecteur, M. Gonnet, et l'interroge sur les postes vacants. Il l'écoute gentiment exposer sa situation comme il sait si bien le faire. Soucieux de trouver une solution, il lui demande de patienter, le temps qu'il téléphone et se renseigne. Quelques minutes plus tard : « Vous irez à Izieu. Vous êtes nommée institutrice intérimaire à la colonie d'Izieu. Il s'agit d'enfants réfugiés. Vous resterez là-bas jusqu'à la fin de la guerre. » Elle s'empresse de le remercier, quoique surprise et perplexe. C'est assez bizarre de l'envoyer là-bas. À sa connaissance, il y a déjà une institutrice, Mme Germaine Gugolz, mariée à l'épicier du village. D'ailleurs, Gabrielle l'a vue de loin dans la salle où s'est tenue la conférence pédagogique de la rentrée.

Son premier réflexe, en dehors d'être ravie d'avoir un poste, c'est de penser qu'il s'agit d'une erreur. Il ne faudrait pas se réjouir trop tôt. Peut-on nommer deux institutrices au même poste ? À son grand étonnement, M. Gonnet lui explique sans entrer dans les détails qu'il s'agit d'une classe supplémentaire, qu'elle doit s'y rendre le plus vite possible, on l'attend là-bas. La directrice, une certaine Mme Zlatin, est prévenue.

Avant qu'elle ne sorte, l'institutrice en poste à la communale d'Izieu a le temps de lui expliquer ce qui l'attend. Elle-même a déjà trop d'élèves à l'école du village et, pendant l'été, l'inspecteur d'académie de l'Ain, à Bourg-en-Bresse, a donné un avis négatif à l'inscription en surnombre des enfants de la colonie. « Ce sont des enfants juifs, trente-six environ », dit-elle à Gabrielle tout éberluée. Et d'ajouter : « Ils se sont installés au printemps, ils arrivent de Montpellier et des environs. Ils ont été enfermés dans des camps d'internement, on les a évacués. Leurs parents, y sont encore, ou bien ils ont été envoyés à l'est. Certains sont orphelins, paraît-il. Il y a des Belges, des Allemands, des Autrichiens. Il y a des tout-petits qui ne savent ni lire ni écrire. Tous ne parlent pas français, la plupart des moniteurs non plus. »

Dans le flot des paroles qui l'assaillent, ce que retient Gabrielle, en dehors de la satisfaction d'être repêchée à la dernière minute, c'est qu'il s'agit d'étrangers. N'est-ce pas tout bonnement interdit d'inscrire à l'école des filles et des garçons qui ne sont pas d'ici ? Et s'ils sont juifs de surcroît, est-ce qu'elle a le droit de leur faire classe ? Elle sait vaguement que le gouvernement de Vichy a révoqué des maîtres et des maîtresses parce qu'ils sont juifs. Mais les enfants ? On ne rencontre pas beaucoup de juifs dans l'Ain, et personne autour d'elle n'a vraiment une idée claire de ce qu'est un juif ni de ce que sont les lois antijuives. Elle a entendu parler de l'étoile jaune obligatoire dès 6 ans, mais elle n'en a jamais vu. C'est à Paris, pas ici. À sa connaissance, il y a juste eu un avis de la gendarmerie dans *Le Bugiste* obligeant les juifs à se présenter pour s'inscrire sur des listes. Tant qu'ils étaient là, les Italiens ne les ont guère inquiétés, mais la Wehrmacht, de sinistre réputation, en arrête régulièrement.

Dans l'esprit de la jeune femme, être en règle, c'est primordial. Depuis le début de la guerre, tout a été chamboulé. Il faut des papiers pour circuler, acheter ou travailler, tout est désormais surveillé et réglementé. Tickets de rationnement, bons d'essence, laissez-passer compliquent la vie. En raison du marché noir qui sévit partout – les Lyonnais viennent se ravitailler dans les fermes de la région –, les contrôles sont fréquents et Gabrielle les craint à juste raison, même si elle n'a rien à se reprocher. Sait-on jamais ? Tous les jours, le journal annonce l'arrestation de trafiquants du marché noir, de réfractaires au STO, ou de ceux qui aident le maquis. Les gens qu'elle connaît se sentent menacés, à la merci d'un papier qui manque, d'un retard imprévu, ou pire, d'une dénonciation. On se plaint des évacués qui ont afflué en 1940 du nord ou de l'est du pays, leur arrivée a fait monter les prix des loyers ou des chambres d'hôtel. Dans certains endroits, ils sont mal vus. On regarde de travers ces bouches supplémentaires à nourrir. Ailleurs, des gens font preuve de solidarité et se serrent un peu plus chez eux pour accueillir ces nouveaux venus. Beaucoup de ces derniers se réfugient dans les montagnes voisines et cherchent à passer en Suisse grâce à des réseaux clandestins. Mais les frontières sont surveillées et les patrouilles arrêtent fréquemment les passeurs.

Un brin déroutée, Gabrielle essaie de se raisonner. Comment envisager de tenir tête à son administration ? Si son supérieur hiérarchique, M. Gonnet, en qui elle a toute confiance, l'envoie là-bas, c'est qu'elle a le droit d'y aller, et même le devoir. Pourrait-elle refuser le poste ? Non, ce serait désobéir. Hautement impossible. On attend d'elle, comme de toutes les institutrices, dévouement et bonne conduite.

De fait, l'inspecteur ne mentionne pas d'autorisation spéciale à demander. Si Gabrielle a bien compris, les enfants réfugiés de l'Hérault sont juifs. Pas tous, et la plupart sont français. Ils ont le droit à l'instruction, se dit Gabrielle. Rien d'étonnant non plus dans le fait d'envoyer les enfants respirer le bon air de la montagne, le département regorge de maisons d'enfants, pensionnats, hôpitaux, sanatoriums ou préventoriums. C'est un lieu de refuge, comprend la jeune institutrice, quoi de plus normal ? D'ailleurs, personne n'a d'idée précise de ce qu'ils fuient, et encore moins de ce qui les menace.

Dans l'immédiat, elle se réjouit tout bonnement de sa nomination. Contente de son sort puisqu'elle peut espérer rester au même endroit quelques mois et même « jusqu'à la fin de la guerre », lui a dit l'inspecteur. C'est tant mieux, se réjouit-elle. Rien que la perspective de ne plus changer d'école d'un mois à l'autre ou d'une semaine à l'autre lui plaît. Qu'il s'agisse d'une classe unique et mixte lui importe peu, c'est fréquent dans les villages du Bugey. En revanche, trimbalée aux quatre coins du canton depuis deux ans, elle aspire à se poser pour exercer dignement sa vocation. Ce sont ses débuts, et elle brûle d'envie de montrer ce dont elle est capable. Désireuse de rester près des siens, elle se dit qu'il s'agit d'une chance pour elle. Elle ne sait rien de ce qui l'attend, sauf qu'elle est prête à croire qu'elle conviendra à ce poste puisqu'on choisit de l'y envoyer.

Comment imaginer que son destin, celui d'une jeune institutrice de campagne débutante, va croiser celui de quarante-quatre enfants juifs et de leurs moniteurs qui mourront à Auschwitz ?

Hameau de Lélinaz, mi-octobre 1943

C'est la règle : d'abord se présenter au maire de la commune qui vous emploie. En fonctionnaire respectueuse du règlement, la jeune institutrice, fière d'avoir un poste, s'y plie et enfourche avec énergie sa bicyclette pour grimper à Izieu, ce qui représente tout de même dix-neuf kilomètres à parcourir. Comme les jeunes de son village, couvrir de longues distances à vélo ne l'effraie pas, car si elle n'a pas envie de rester enfermée chez elle et souhaite aller ne serait-ce que jusqu'à Belley pour faire ses courses à L'Étoile des Alpes, le grand bazar de la bourgade où on trouve tout, c'est son seul moyen de locomotion, et son bien le plus précieux. Le car est souvent bondé, et les voitures de plus en rares à cause du rationnement de l'essence. On croise souvent la jeune fille sur les routes du Bugey et sa jolie silhouette ne laisse pas indifférents les garçons du coin. Ses cheveux châtains tirés en arrière, ses grands yeux bleus, sa taille fine, ses traits réguliers, son teint diaphane, le sourire qui éclaire son visage d'une très grande douceur plaisent.

L'automne arrive, et Gabrielle sent le froid humide qui monte de la terre. Les vendanges touchent à leur fin, les prés sont roussis, les foins sont rentrés. Le temps est magnifique et l'air est limpide, les feuilles des arbres se colorent de jaune et commencent à tomber. Quelques nappes de brouillard font leur apparition, des flaques d'eau obligent à faire des zigzags sur la route. Mais il fait encore assez doux, il faut en profiter. Sur sa bicyclette, Gabrielle pédale avec ardeur. La route longeant le Gland, bordée de saules et de peupliers, passe par Saint-Bois, Glandieu et sa cascade, le pont de Cordon, et continue sur la départementale en longeant la fabrique de confiserie fine et de confiture « Bilbor, Billiemaz, Borgel & fils ». Près du hameau de La Bruyère se dressent les ruines du château de La Barre, qui a inspiré à Stendhal *Le Rouge et le Noir*.

De là, il reste deux kilomètres d'une petite route en lacets qui grimpe dans les vignes. À chaque virage, le spectacle se renouvelle. Au loin, les plaines du Dauphiné, les monts du Bugey, le massif de la Chartreuse, les méandres du Rhône et, à l'horizon, accroché à flanc de coteau, baigné de soleil, Gabrielle découvre le village d'Izieu, où on l'attend. Est-elle déjà venue ? Rien de moins sûr, c'est un cul-de-sac et elle n'a eu jusqu'à présent aucune raison d'y monter. Au demeurant, l'endroit, typique du Bas-Bugey, est charmant. C'est une commune de cent soixante-dix habitants, agréable à vivre, avec sa petite église paroissiale et son presbytère, sa mairie, son école pimpante, son grand lavoir, ses fours à pain en lauzes, ses maisons couvertes de vigne vierge aux toits de tuile, collées les unes aux autres et, tout autour, de la vigne, des vergers et des champs de blé et d'orge. En contrebas, le lac de Pluvis et les ruines d'un château. Les ressources viennent du vin du Bugey, blanc ou rosé, fruité, souvent pétillant, alors réputé, et vendu à bon prix jusque dans les boutiques de Lyon.

Le maire, M. Henri Tissot, prévenu de son arrivée, l'attend sur le pas de sa porte. La jeune institutrice, les jambes moulues par le trajet, s'empresse de le saluer avec respect. Riche propriétaire, il porte beau la soixantaine. Éternellement coiffé d'un chapeau marron, on le voit souvent au volant de son automobile dont il fait profiter les gens du village. Sa maison, qui s'ouvre sur la rue principale, loin d'être une ferme, est une belle bâtisse de deux étages couverte d'un toit à lucarnes, entourée d'un jardin planté de massifs, clos par un imposant portail en fer forgé. En gentleman, il accueille comme il se doit cette jeune fille un peu essoufflée, réservée, et qui manifestement est ravie d'avoir un poste à quelques jours de la rentrée. En deux mots, elle lui explique qu'elle est débutante, célibataire, a quelques connaissances à Izieu et vient de Colomieu.

Tout semble en règle. Rapidement, ils se mettent à parler de son logement. Leur conversation prend une tournure imprévue. Alors qu'elle est arrivée le cœur tranquille, elle déchante vite face au maire qui lui annonce qu'il ne lui fournira pas de logement de fonction. Pour elle, c'est catastrophique puisqu'elle est trop loin de chez elle pour rentrer tous les soirs après la classe.

Une autre aurait peut-être protesté, ou tout au moins

insisté. Sa mère, elle-même institutrice à Colomieu, le lui reprochera à son retour. Pourquoi n'a-t-elle pas réclamé son dû ? Un des avantages de ce métier, c'est de disposer d'un logement gratuit, sauf que, trop heureuse d'avoir un poste et de crainte d'incommoder M. le Maire, Gabrielle se contente de lui demander de la dépanner.

– À la colonie peut-être ? Sinon je connais une logeuse qui sera ravie de vous accueillir.

– Bien, merci, Monsieur le Maire.

Elle se dit qu'elle se renseignera plus tard, cela s'arrangera peut-être, veut-elle se convaincre. À défaut de régler cette question, elle préfère se soucier de ce qui lui importe au premier chef : découvrir l'endroit où elle va enseigner.

– La maison n'est pas dans le village mais à l'entrée, précisément au hameau de Lélinaz. Je vais vous y amener.

C'est à huit cents mètres à peine en contrebas. Il faut redescendre la petite route en lacets bordée de murets en pierre qu'elle vient de monter, c'est la route de Lombaz, d'où il faut prendre la première à droite qui mène à la colonie, en remontant. Juste à l'angle des deux routes, Gabrielle remarque une croix en pierre érigée sur un petit terre-plein. De là, la vue est stupéfiante. Dans le lointain, on voit le Rhône et ses méandres et, tout autour, le surplombant, les monts du Bugey, chers à l'écrivain Daniel-Rops qui en a fait le cadre de son chef-d'œuvre *Mort, où est ta victoire ?*

Au bout d'une allée bordée de mûriers, comme accrochée en haut d'une petite crête, Gabrielle découvre une véritable demeure bourgeoise, fin XIXᵉ siècle, prolongée par une vaste terrasse en ciment, avec une rambarde en fer forgé qui court tout le long. Elle remarque sur sa droite une grange de pierre, encore un peu plus haut, une ancienne magnanerie, bâtiment où on élevait des vers à soie, et derrière, en haut d'un raidillon, à une dizaine de mètres, la cour carrée d'une belle ferme, un long bâtiment à un étage dont les quatre fenêtres s'ouvrent sur les contreforts abrupts et vallonnés du Jura. C'est une exploitation forestière, avec plusieurs arpents de vigne et des bêtes, qui appartient à la famille Perticoz.

La belle maison qui abrite la colonie des enfants de l'Hérault porte le nom de Villa Anne-Marie, du prénom de la petite-fille de la propriétaire. Il y a deux étages, des fenêtres avec des volets en bois bleus, un toit de tuiles rondes, une grande cheminée et une porte d'entrée en bois surmontée d'une marquise. Au pied de la demeure, une imposante fontaine en pierre naturelle, de forme octogonale, avec deux robinets. Dans le jardin, d'au moins un demi-hectare, il y a des arbres fruitiers et un petit édifice à toit de lauzes : un vieux four à pain qui sert de remise pour le charbon. Plus un petit bâtiment pour les toilettes. Avant-guerre, les enfants de la paroisse de Belley y venaient passer quelques jours l'été. Il n'y a pas l'eau courante et le chauffage se limite à quelques poêles.

Des gamins en culotte courte, assis face à face à même le sol de la terrasse à l'ombre d'un tilleul, les jambes écartées, jouent et lui prêtent à peine attention. Un couple de personnes âgées est assis devant l'entrée de la maison dans deux fauteuils en rotin. À côté d'eux, en haut des marches, une dame aux boucles brunes, vêtue d'une jolie robe à carreaux, très souriante, tient par la main un garçonnet en short, aux yeux très doux, et de type asiatique.

– Bonjour, je suis l'institutrice. Je m'appelle Gabrielle Perrier.

– Nous sommes ravis de vous accueillir. Les enfants ont vraiment besoin d'instruction et d'occupation. Je me présente. Je suis le docteur Suzanne Reifman. Je m'occupe de l'infirmerie. Voici mon fils, Claude. Il a 10 ans. Et mes parents.

C'est agréable, se dit, Gabrielle d'être attendue. Poliment, elle salue tout le monde, se présente, essaie de retenir les noms, et s'étonne de ne pas voir Mme la Directrice qu'elle s'attendait à rencontrer en priorité.

– Ne vous inquiétez pas ! Elle est actuellement à Montpellier. Elle rentrera dans quelques jours. Venez que je vous présente !

Tout en marchant à ses côtés, la jeune dame, au léger accent étranger, lui explique qu'elle remplace son frère Léon, que Gabrielle aura peut-être l'occasion de voir. Il est plus jeune qu'elle et encore étudiant en médecine. Il a été moniteur de la colonie quand celle-ci était à Palavas-les-Flots, dans l'Hérault, mais, dit-elle, il n'a pas pu rester ici. En fait, il a abandonné ses études à cause du *numerus clausus* imposé par le gouvernement de Vichy, qui limite le nombre d'étudiants juifs à l'université. Récemment, il a quitté la colonie parce qu'il craint d'être recherché par les gendarmes. Depuis le 21 août 1943, les juifs « aptes au travail » sont employés de force dans les chantiers de l'organisation allemande TODT, pour la construction du Mur de l'Atlantique. Léon a été averti et, depuis, il se cache dans les parages. Des enfants gambadent au loin, dans le pré en contrebas de la maison, d'autres font une ronde et chantent à tue-tête : « C'est si bon la France. » Des moniteurs les surveillent allongés dans l'herbe. Tout est paisible.

Juste devant l'entrée, en haut des marches, Gabrielle serre la main d'un homme vigoureux qui se présente comme l'époux de la directrice. Ce monsieur, charmant, se prénomme Miron. Tout en lui parlant, il marche, chargé de paquets, en bras de chemise et le sourire aux lèvres. À le voir affairé de la sorte dans son pantalon à grosses côtes, elle en déduit qu'il fait office d'économe pour la colonie, celui à qui revient la lourde tâche de nourrir tout le monde, elle comprise. Grand et maigre, les cheveux ondulés, un peu moins de 40 ans, le pas vif, il s'exprime avec un fort accent étranger, remarque Gabrielle. Ce qu'elle ignore, c'est qu'il est né en Russie, dans une famille juive aisée, avant de se rendre en France et d'y devenir ingénieur agronome.

– Vous ferez une liste et j'achèterai ce qu'il faut, mais nous ne sommes pas riches ! la prévient gentiment Miron Zlatin, sur le point de partir, sa bicyclette à la main et la carriole accrochée derrière, comme elle le verra faire si souvent, en quête de ravitaillement, sillonnant la région sans relâche, qu'il pleuve ou qu'il vente.

Au rez-de-chaussée, un vestibule, sur la droite deux

pièces fermées où les propriétaires ont stocké leurs affaires, le réfectoire avec de grandes tables rectangulaires en bois, l'économat sur la gauche où dort Miron et, à droite, la cuisine qui ouvre directement sur la terrasse. En haut de l'escalier, les chambres et les dortoirs, l'infirmerie et, faisant l'angle, la salle de classe. « C'est pour vous ! »

C'est une belle pièce spacieuse, six mètres sur six, orientée au sud, assez bien éclairée par quatre fenêtres qui offrent un magnifique panorama sur le mont du Cordon. Les tables d'écolier en bois à deux places sont disposées sur trois rangs devant le meuble, un petit guéridon, qui lui sert de bureau. Deux tableaux noirs qu'elle trouve riquiquis et un seul poêle à bois, une sorte de brasero, le parquet bien ciré, pas de bibliothèque, et une cheminée pour poser ses affaires. Aucune carte au mur, pas de matériel, c'est quasiment vide. À défaut de fournitures achetées par les parents ou fournies par la mairie, ce sont les communes voisines qui ont prêté le mobilier et un peu de matériel, avec le concours du Secours national et l'aide du Service des réfugiés. Il faut dire que l'installation de la colonie, de provisoire avant l'été, est passée à définitive « le temps de la guerre ». Et, de fait, la commune, qui a déjà la charge d'une école primaire, ne l'a pas prévue dans son budget. Manque aussi le portrait du Maréchal comme dans toutes les écoles de France, mais personne n'y prête attention. Toutes les semaines, sur ordre de Vichy, doit théoriquement se tenir un salut au drapeau, celui de la Révolution nationale avec « Maréchal, nous voilà… » chanté par les enfants. Pas ici.

Avant de repartir, Gabrielle a le temps d'apprendre

que la plupart des enfants sont arrivés en mai dernier de Lodève, près de Montpellier, où ils étaient hébergés dans une autre maison. Ils ont entre 3 et 17 ans. Elle comprend qu'ils viennent de loin, certains ont séjourné dans des camps d'internement. C'était rude, retient-elle. La doctoresse lui explique qu'ils ont profité de l'été pour reprendre des forces : baignades dans la cascade de Glandieu, balades, exercices de gymnastique et plein de jeux, les voilà en bonne santé. Il est grand temps de retourner sur les bancs de l'école. Gabrielle acquiesce.

La visite se prolonge. Gabrielle retient les prénoms, Léa, Rachel, les moniteurs sont jeunes et ont l'air sympathiques. Quatre pensionnaires sont absents, parce qu'ils sont inscrits au collège de garçons de Belley et une petite fille, Yvette, 2 ans, est gardée chez des gens du village, la famille Héritier. Ses trois frères, Jacques, 13 ans, Richard, 7 ans, et Jean-Claude, 6 ans, sont à la colonie. Le groupe « grands », Théo, Arnold, Fritz et Paul, aident Miron au potager. Ce petit monde paraît bien organisé, comme n'importe quelle colonie d'enfants. Il y a des dortoirs, un réfectoire, et la toilette se fait avec des bassines à la fontaine. Dans l'ancienne magnanerie, au premier étage, des lits ont été installés en surplus. Gabrielle est invitée à prendre les repas sur place, ce qui lui plaît. Tout semble en ordre, la jeune fille est rasséréné.

On ne lui en dit pas plus, elle n'en demande pas davantage.

Villa Anne-Marie, octobre 1943

La rentrée des classes, c'est le grand jour pour les élèves comme pour elle. Revêtue de sa blouse grise fraîchement repassée, elle entre, pleine d'énergie.

– Bonjour, les enfants

– Bonjour, mademoiselle !

Quel chahut ! Elle a du mal à obtenir le silence.

– Asseyez-vous.

Elle se sent observée par quarante paires d'yeux, tandis qu'elle pose ses affaires sur le bureau et écrit au tableau la date et son nom. En principe, on commence par l'appel. Sauf que, dans le cas présent, il n'y a pas de registre. Il lui faut demander à chaque enfant de lui dire son nom et son prénom qu'elle s'empresse de noter sur une simple feuille de papier à carreaux.

Aronowicz Nina

Benassayag Élie

Benguigui Jacques

Bentitou Raoul...

Que de noms compliqués ! Peu familière de ces noms à

consonance étrangère, Gabrielle suggère à certains d'écrire leur nom sur un bout de papier pour qu'elle puisse le recopier sans se tromper. Il y a des frères et des sœurs, des noms qui sont proches, d'autres imprononçables. Certains ont deux prénoms : Barouk-Raoul, Henri-Chaïm, Marcel-Majer. Ils ont entre 6 et 12 ans environ. Quand elle fait l'appel avec la liste complète, les enfants lèvent la main, répondent présent, semblent joyeux de se retrouver dans l'ambiance de l'école.

Histoire de faire connaissance avec chacun d'entre eux, elle procède comme de coutume, en les interrogeant de sa voix douce : lieu de naissance, nom, adresse des parents. Sans qu'elle comprenne pourquoi, les visages se ferment. Quelques-uns répondent sèchement : « Je ne sais pas ! » ou « Je ne veux pas le dire ». L'un, le visage grave, les yeux embués, lâche : « Mes parents sont morts, mademoiselle. »

« Suis-je bête ! » pense Gabrielle, navrée d'avoir oublié que ses nouveaux élèves étaient des réfugiés. D'après ce qu'elle sait, certains sont nés en Pologne, en Allemagne, en Autriche, en Belgique, ou tout simplement en France ou en Algérie. Préoccupée par l'idée d'être elle-même mal notée pour défaut de registre d'appel et de matricule, elle n'a pas pensé un seul instant qu'il y a des cas particuliers, et sans doute des orphelins, dans sa classe. Elle laisse de côté sa feuille, se promettant d'en parler à la directrice quand elle la verra, il y a plus urgent.

Première tâche, classer ses élèves, d'un côté ceux qui

savent lire un peu, de l'autre ceux qui savent écrire et calculer, ceux qui débutent et ceux qui ne connaissent pas l'alphabet. Au bout du compte, elle aboutit à cinq niveaux, du cours préparatoire au CM2. Il va falloir aller d'un groupe à l'autre, occuper les plus petits quand elle surveillera les devoirs des grands.

Un à un, elle les interroge. Beaucoup ne sont pas allés en classe depuis presque un an. D'aucuns viennent de loin, d'après ce qu'ils disent. La plupart ont été internés dans les camps du Sud, ils ne le racontent pas. Quelques-uns sont délurés, de vrais polissons, et ne l'écoutent pas aussi bien qu'elle le souhaiterait. Pour mieux les avoir à l'œil, elle a décidé de les mettre au premier rang, et de laisser les petits dessiner tranquillement.

Il y a Hans, Nina, Rénate, Jean-Paul, Esther, Elie, Alice, Jacob, Jacques, Albert, Liliane, Joseph, Mina, Charles, Otto, et tous les autres… presque quarante. À première vue, constate Gabrielle, les filles semblent plus dociles que les garçons, comme partout.

À l'heure de la récréation, ils dévalent l'escalier et sortent jouer devant la maison pendant que Gabrielle essaie de ranger un peu son bureau et de mettre au propre son tableau de répartition des élèves en cinq niveaux. Tous les âges, tous les niveaux ! Sa tâche ne va pas être facile, elle le sent. « Je ferai de mon mieux », se dit-elle.

Tout le monde est gentil avec elle, l'encourageant par une parole ou par un geste, ce qui ne l'empêche pas, malgré tout, de se sentir un peu débordée. Le matin, par exemple, elle s'obstine à vouloir les mettre en rang pour monter dans la classe. Comme ils sont indisciplinés ! Elle y met tout son cœur, soucieuse de bien faire et d'appliquer point par point les consignes. Ce qui la chagrine, ce sont les moniteurs de la colonie, qui font, du moins le croit-elle, « bande à part ». Elle sent qu'ils se ferment quand elle essaie de parler avec eux d'autres choses que du temps qu'il fait ou des bobos des enfants. Tout ne se déroule pas comme ailleurs, et ne cadre pas trop avec ce qu'elle connaît, mais elle feint de ne pas le remarquer. À vrai dire, elle n'a pas mis longtemps à comprendre que ce ne sont pas des réfugiés comme les autres. Après la classe, elle les voit prendre le relais avec juste un petit salut. Aux petits, d'après ce qu'elle a compris, ils racontent des histoires, leur apprennent des chansons françaises, à dessiner ou à faire des cocottes en papier. Ils se croisent, c'est tout. Les jeudis et les dimanches, elle sait qu'ils emmènent les enfants faire de grandes promenades jusqu'à la cascade de Glandieu et qu'ils organisent presque toutes les semaines des veillées où ils chantent tous ensemble. Jamais, ou rarement, ils ne lui proposent de participer aux fêtes, et elle s'en désole sans oser demander de rester. À leur décharge, c'est vrai aussi qu'elle rentre chez elle dès que possible.

En revanche, il lui a été facile de se lier d'amitié avec l'une des monitrices, Léa, qui a cinq ans de plus qu'elle, et avec qui elle se sent à l'aise. Cette jeune femme très douce, aux cheveux courts, le visage éclairé par un joli sourire n'a pas son pareil pour cajoler les petits ou les encourager à manger. Le plus frappant, c'est de voir qu'elle est un peu la maman de tout le monde. Tous les enfants sont, dit-elle en parlant d'eux, ses « petits copains », ils ne la quittent pas d'une semelle. Il y a en permanence une ribambelle d'enfants qui l'entourent, s'accrochent à elle, grimpent sur ses genoux, avides de câlins. Gabrielle prend ses repas à la colonie, ce qui lui plaît à cause de l'ambiance chaleureuse qui y règne, et déjeune à la table de Léa. Elle aime la voir servir avec un mot pour chacun et distribuer à quatre heures les barres de chocolat fournies par la confiserie d'à côté, l'établissement Bilbor à Brégnier-Cordon. Quel souci pour donner à manger à tous !

L'aide de Léa en classe est précieuse parce qu'elle se charge des plus petits. C'est loin d'être simple d'avoir une classe unique. Lorsqu'elle est très prise par les plus grands, elle appelle Léa à la rescousse, qui sait calmer les pleurs ou faire patienter les plus jeunes. Certains jours, cette dernière frappe à la porte de la classe et lui présente des nouveaux, en général la main gentiment posée sur leur tête en les accompagnant jusqu'à leur place, tout en les rassurant. Au début, Gabrielle était quelque peu perturbée, puis elle a pris le pli de voir arriver de nouveaux élèves en plein milieu de la matinée ou en voir repartir d'autres au bout de trois semaines, même si le manège lui échappe. À la fin du mois de novembre, elle fait la connaissance d'une nouvelle éducatrice, Mina, 31 ans, arrivée avec sa petite fille Lucienne. De toute manière, faute de registre d'appel, elle ne sait pas exactement combien elle a d'élèves, à un ou deux près. De son côté, Miron, lui, note les nouvelles bouches à nourrir, ne serait-ce que pour compter les cartes d'alimentation. Il y aura cent cinq enfants en tout qui passeront à la colonie, de quelques jours à un mois ou deux, voire plus. À son grand étonnement, jamais Gabrielle ne voit de parents venir les chercher. Pourquoi certains sont-ils obligés de quitter la classe si précipitamment ? Personne ne la met dans la confidence, non par défiance, mais par simple précaution. Qu'ils soient mieux là que dans les camps d'internement où ils ont été parqués avec leurs parents, c'est aisé à comprendre. Mais de là à les envoyer encore ailleurs, cela lui paraît étrange. Or, ce foyer n'est pas seulement une « planque », c'est aussi une véritable plaque tournante pour les enfants pris en charge par des réseaux clandestins de résistance juive, comme l'Œuvre de secours aux enfants, l'OSE, qui les placent en Savoie avant de les faire passer en Suisse. Moins de gens sont au courant, mieux c'est.

Il reste environ cinquante enfants à la fin de l'année 1943, d'où la difficulté pour la jeune institutrice débutante de les faire tous travailler. Comment bien les connaître ? Le mystère plane sur leurs origines. En classe, elle perçoit des pointes d'accent sans s'y attarder ni s'en préoccuper. Elle-même, et tout le monde a ri, dit « en rein » au lieu de « en rang » ! Mais elle leur explique que son accent vient du patois savoyard du Petit-Bugey ! Eux émaillent leurs conversations de mots dans des langues étrangères. Une fois, elle a cru entendre de l'allemand. Cela va sans doute avec les deux prénoms que portent certains. Pourquoi Léa, dont elle se sent proche, refuse-t-elle, comme les enfants, de raconter d'où elle vient et de parler de ses parents ? Pour Gabrielle, son obstination est une énigme. Un après-midi, alors que Léa s'est installée dans le réfectoire pour repriser des dizaines de chaussettes, de chemises ou de pantalons usés jusqu'à la corde, Gabrielle a saisi l'occasion pour l'interroger sur sa famille. Immédiatement son visage s'est assombri et elle s'est détournée. Motus et bouche cousue, comme disent les enfants.

Ce que la monitrice se refuse à dire, c'est que, en trois ans, sa vie a volé en éclats. Elle a tout perdu, il ne reste rien, à peine l'envie de vivre. Que dire d'avant ? Qu'elle est née à Varsovie. Elle est encore enfant quand ses parents, sa sœur et son frère aînés, émigrent et s'installent à Anvers. À la déclaration de guerre, c'est l'exode sur les routes de France. Ses parents meurent l'un après l'autre dans le Sud, près de Montpellier. Sa sœur et son frère sont internés au camp d'Agde dans des baraques de bois dont les toitures percées laissent passer la pluie, dorment sur de la paille parce qu'il n'y a même pas assez de châlits. Pas de chauffage, pas assez de couvertures. Pas d'eau. Sabine Zlatin se rend dans ce camp et dans d'autres pour récupérer des enfants dont les parents acceptent de se séparer et pour lesquels elle obtient des certificats médicaux justifiant leur sortie. Rapidement débordée, elle engage Léa comme aide-monitrice dans une des maisons qu'elle a ouverte pour héberger ces enfants mal en point.

En août 1942, Léa, toujours dans le Midi, apprend la déportation de son frère et de sa sœur, on ne sait où vers l'est. Plus aucune nouvelle ne lui parvient. Maintenant, elle est seule au monde, plus rien ne la retient, et elle n'a nulle part où aller. Ici, à Izieu, dans ce cadre si paisible, la tragédie est bannie, seule la survie compte. C'est la règle tacite, on ne parle pas de ce qui s'est passé. On garde sa peine. Pas question de partager avec une inconnue, si gentille soit-elle, sa souffrance. D'une extrême pudeur, Gabrielle se tait elle aussi.

Izieu, hiver 1944

L'hiver 1943-1944 est long, très long, trop long. Gabrielle, frileuse comme elle est, ne quitte plus son manteau et son écharpe nouée autour du cou tant le vent glacé la pénètre. « Il vous fait beaucoup d'usage votre manteau », lui a dit une voisine.

Là-haut, à la colonie, le poêle dans la classe arrive à peine à chauffer la pièce, l'eau dans le bassin gèle, et le givre sur les vitres est tenace. La neige tardive recouvre la montagne d'une couche épaisse et glacée, ce qui l'oblige à venir à pied du village jusqu'à la colonie. À Noël, la TSF a diffusé le discours du maréchal Pétain : « Malgré tant de désastres, je garde ma foi dans l'avenir de la France, mais je vous supplie, Français, de renoncer aux stériles discussions, aux vaines rivalités, aux haines mortelles. Dans le malheur qui nous accable, tendons-nous des mains fraternelles. Écoutez un homme qui n'est là que pour vous et qui vous aime comme un père. »

De son côté, *L'Abeille du Bugey* ajoute : « Les ténèbres ne sont pas seulement dehors mais aussi dans nos cœurs et dans nos esprits. On ne sait plus, on n'ose plus rire ; seuls les enfants insouciants qui dévalent sur les pistes enneigées poussent des cris heureux qui nous réconfortent. »

À Izieu, sous l'œil attentif des moniteurs, les enfants, mal fagotés et souvent sans gants, en chaussettes de coton dans des chaussures usées, font de la luge et des batailles de boules de neige devant la maison. Malgré le froid perçant, on les voit dévaler les pentes et se régaler. Début février, Nina, 9 ans, écrit à sa tante : « Les garçons sont en train de faire un bonhomme. Pour Mardi gras, nous ferons une fête. » Georgy, lui, se plaint à sa mère, hospitalisée au sanatorium d'Hauteville, à une vingtaine de kilomètres de là, que « la neige colle au pied », mais il s'amuse avec le chien Tomy qui lui tient compagnie.

En présence de leur institutrice, la plupart ne laissent rien paraître de leur chagrin, sans doute par bravade, et aussi parce que les moniteurs font tout leur possible pour qu'ils mènent une vie « normale ».

On ne manque pas par exemple de fêter les anniversaires. Pour celui de Sarah, qu'on appelle Suzanne, 11 ans le 5 février 1944, ses copines, Senta, Esther et Alice, Martha, Liliane font de beaux dessins et lui souhaitent de retrouver ses parents et que la guerre finisse.

Quand, tôt le matin, Gabrielle pénètre dans la maison, les joues et le bout du nez rougis par le froid, elle secoue le givre de son manteau et réchauffe ses mains engourdies. Les arbres sont figés par le gel et engloutis par le brouillard, le trajet entre le village et la colonie est pénible à cause du verglas.

Quand la neige ne l'oblige pas à aller à pied, elle range sa bicyclette sous le hangar des Perticoz. Puis elle s'engouffre dans la maison, accroche à la patère son manteau et son cache-nez, se dirige vers le réfectoire où l'attend un bol de lait chaud, avec de l'Ovomaltine, fournie par la confiserie de Brégnier-Cordon. Il y fait de toute manière meilleur que dans sa chambre pas chauffée, où elle dort parfois en gardant son manteau. Dans la classe, malgré le bois vert qui fait plus de fumée que de chaleur, et son bureau coincé entre les deux fenêtres, il fait presque bon et, peu à peu, la jeune institutrice, un peu esseulée, se sent comme chez elle, prend ses aises et apprécie ce poste. C'est bête à dire, mais elle a trouvé une sorte de seconde famille tant elle partage d'heures avec les enfants et les moniteurs dont elle se rapproche un peu plus. Après le goûter, souvent elle s'attarde pour ranger ses affaires, préparer le travail du lendemain et jeter un œil sur sa maigre réserve de cahiers. Pas question de jeter ceux qui sont terminés, ils servent encore, pour apprendre les tables de multiplication imprimées au verso, ou pour la lecture des plus petits. Soigneusement, elle compte et recompte les crayons de couleur, dont ses élèves raffolent. Il est vrai qu'elle leur propose de dessiner quand ils ont fini leurs exercices et qu'ils attendent qu'elle les interroge, sinon ils se dissipent et gênent ceux qui récitent leurs leçons. Une faible ampoule répand une lumière jaunâtre. Les journées sont courtes dans ce pays de montagne. En janvier, lorsque des tempêtes de neige s'abattent sur le Bugey, on passe de longues heures monotones à écouter le vent souffler et regarder la neige tomber. S'il fait trop mauvais pour jouer dans le pré, les enfants restent à l'intérieur, faisant vite du chahut si on ne les surveille pas. Comme d'habitude, les filles jouent d'un côté, les garçons de l'autre. Les plus grandes, remarque Gabrielle, échangent à mi-voix ces confidences que l'on se fait à leur âge, rien qui les distingue des enfants qu'elle a vus dans ses postes précédents.

Un jour, la classe commence comme d'habitude par l'appel, et les élèves sont particulièrement bruyants. On frappe à la porte. C'est l'inspecteur. Branle-bas de combat. Comme il se doit, l'inspecteur n'a pas prévenu de sa visite et joue sur l'effet de surprise. La règle veut qu'il laisse l'instituteur finir l'exercice qu'il a commencé. Cela lui permet d'apprécier la marche de la classe. Ensuite, il interroge les élèves pour juger de leur degré d'instruction. En général, il se borne à faire à l'enseignant une ou deux recommandations, celles qu'il croit les plus importantes. Et il lui donne une note, qui restera dans son dossier jusqu'à la prochaine visite. Gabrielle sait ce qu'il en coûte si l'inspection se passe mal. D'entrée de jeu, elle avoue qu'elle n'a pas de registre matricule. Après quelques secondes d'hésitation, la réponse vient : « En effet, ici, cela ne s'impose pas. » Et dans son rapport à l'académie, l'inspecteur note : « Registres : en ordre. » La suite de l'inspection se déroule sans anicroche, au grand soulagement de l'institutrice, toujours dévorée par la crainte de mal faire et fragilisée par sa condition de suppléante. Ce que la jeune femme ne soupçonne pas, c'est à quel point l'inspecteur est un allié précieux de la colonie, qui ferme les yeux sur beaucoup de choses et arrange au mieux le sort des enfants et des adultes qui les encadrent.

Les jours coulent presque heureux, les enfants se montrent plus attentifs, moins rétifs et rattrapent leur retard à force de rédactions et de dictées. Gabrielle s'en félicite. Mais la nuit tombe tôt et il lui arrive de se sentir un peu lasse, comme tant de Français, fatigués et maussades, exaspérés par trois années d'occupation. À défaut d'imaginer une issue possible, elle se contente, en attendant des jours meilleurs, de travailler et de gagner sa vie.

Une chose est sûre, son installation est médiocre. Faute de place à la colonie où les dortoirs sont pleins à craquer, restait la solution de louer une chambre chez l'habitant. Sa logeuse, recommandée par le maire, Mlle Louise Maché, brodeuse à domicile, lui loue une toute petite pièce à côté de la sienne, au premier étage. Au rez-de-chaussée, par une porte très étroite encadrée de deux fenêtres à petits carreaux, on entre dans l'ancien café Maché. Quand son père est décédé en 1934, elle l'a cédé. À gauche de l'entrée, la logeuse a laissé, accroché à l'extérieur, un gaufrier, ustensile indispensable pour faire des gaufres à base de sarrasin ou de froment à déguster avec du vin pétillant. Assise en permanence près de sa fenêtre, Louise, telle que la découvre Gabrielle, est alors une dame d'une cinquantaine d'années, de petite taille, les cheveux gris, fort gentille, assez triste, qui regrette le temps où son père tenait le café. Ayant perdu sa mère quand elle avait 3 ans, ne s'étant jamais mariée, elle vit seule.

Le confort est rudimentaire. C'est une chambrette sombre et quasi vide que Gabrielle a meublée avec un lit, des draps, un édredon, et une armoire pour ranger ses affaires, et aussi un vague lumignon, et qu'elle loue 400 francs par mois. Les murs sont gris, et elle n'a aucun objet personnel. Il faut éteindre la lumière à 20 h 30 ! Et le pire, c'est d'avoir été obligée de payer aussi une partie des meubles…

De sa petite fenêtre, elle voit l'arrière-cour et les autres maisons de l'impasse. Mlle Maché a gardé la pièce qui donne sur le jardin et, à perte de vue, sur les monts du Bugey. En bas de chez elle, il y a une des deux épiceries du village qui fournit parfois la colonie, ce qui donne un peu de va-et-vient. À gauche, si elle se penche un peu, elle voit le four à pain avec son abri en pierre et son toit à pignon. À côté, il y a le travail pour maintenir les chevaux et les bœufs lors du ferrage. C'est à deux pas de la forge du maréchal-ferrant, Anthelme Vollet, au coin de la route des Lauzes qui traverse le village. L'impasse où elle habite est perpendiculaire à la Grande Rue, à droite en remontant après l'église et l'école et juste avant le café Héritier, où, en revenant des foins, on s'arrête pour boire un verre ou offrir une limonade aux enfants. Partout, elle voit ces toits pentus couverts de petites tuiles plates, en « pas d'oiseau », qui servaient, dit-on, de coupe-feu au temps des toits en chaume. Où que l'on soit, la vue est magnifique : quelques hameaux de loin en loin, des étangs et les dernières pentes du Jura face aux Alpes. En mai 1943, Léon, le frère de la doctoresse de la colonie, s'était exclamé en découvrant le panorama : « Quel paradis ! » Mais Gabrielle, habituée à son petit village natal, situé sensiblement à la même altitude, s'accommode du climat rude de l'hiver.

Pour l'instant, elle joint les deux bouts. Mais son salaire, qu'elle touche tous les mois à la perception de Belley, est amputé du loyer. Presque de moitié. Malgré l'insistance de M. Gonnet, la municipalité fait la sourde oreille et ne le prend pas en charge. Cette classe supplémentaire, créée sous couvert de M. le sous-préfet de l'Ain, Pierre-Marcel Wiltzer, avec l'accord de l'inspecteur, suite à une demande qu'ils ont reçue, est en quelque sorte « imposée » à la municipalité.

C'est au printemps 1943 que le sous-préfet a été contacté par Sabine Zlatin, juive polonaise licenciée de son poste d'infirmière de la Croix-Rouge, qui cherchait un lieu d'accueil pour une cinquantaine d'enfants juifs venant de Montpellier et dont les parents avaient été déportés.

Le choix s'est porté sur cette maison inoccupée, et tout a été mis en place en un temps record. L'arrivée au dernier moment, un peu en catimini, de Gabrielle, a pris tout le monde de court. À aucun moment, il n'avait évidemment été question de mêler le ministère de l'Éducation nationale à l'affaire, tout s'était fait en douce. M. Gonnet, l'inspecteur primaire, s'est gardé dans ses courriers de signaler que les enfants étaient juifs. Ils sont simplement réfugiés. Quand le sous-préfet a dit à la directrice « Ici vous serez tranquille », il n'imaginait pas qu'un jour les Allemands viendraient jusque-là.

En ce début de l'année 1944, tout semble en ordre, sauf le règlement du loyer de Gabrielle. Secondé par son adjointe, Marie-Antoinette Cojean, 29 ans, secrétaire en chef de la sous-préfecture, le sous-préfet visite régulièrement la colonie et, à la demande de Mme Zlatin, essaie de régler au plus vite cette question de loyer. Gabrielle, elle, l'ignore.

Au village

À quoi pense-t-elle pendant ces cinq mois, recluse là-haut, allant de la salle de classe à sa chambre et retour ? Comment avouer qu'elle se sent affreusement seule ? À la colonie, il lui arrive de bavarder avec Mme Suzanne, la doctoresse, toujours charmante, disponible à tout moment pour les enfants, qu'elle soigne avec un immense dévouement. Mais elles ne se parlent jamais très longuement. Il est question des petits malades et de rien d'autre. Une fois, une seule, entre deux voyages, la directrice, sacrément autoritaire, lui demande où elle dort et si elle est bien installée. « C'est gentil de sa part », se dit Gabrielle, mais la conversation s'est arrêtée là.

Invitée un soir à une petite fête organisée par les moniteurs, la jeune institutrice s'y est amusée. Ce qui l'a frappée, c'est que tous sont sensiblement du même âge et semblent liés. C'est la seule fois où elle est restée après ses cours.

Loin de son frère et de sa sœur, séparée de ses amis, elle n'a personne de son âge avec qui se distraire. Ce qui augmente son sentiment d'isolement, c'est le demi-kilomètre entre la colonie et le village proprement dit. À la différence de l'école communale située au-dessus de la mairie, à l'entrée du village, sur le chemin du Rocha et à côté de l'église, son lieu de travail est excentré. Pour se rendre en ville faire ses emplettes, il lui faut prendre le car SAB, la Société des autobus de Belley, qui passe trois fois par semaine, ou bien descendre à Brégnier-Cordon et prendre le train de la ligne PLM.

Sur place, elle n'a que des connaissances, pas d'amis proches. À qui raconter ses bons moments et ceux de découragement lorsque ses élèves lui donnent du fil à retordre ? Au moins se console-t-elle en pensant qu'elle n'est plus à la charge de ses parents. Quand elle entend à la radio ce qui se passe ailleurs, elle se dit qu'elle est à l'abri. Elle reste prudente, comme on le lui recommande, ne se sent pas directement menacée, ni par les forces d'occupation ni par le gouvernement qui se met à leur service. Vaille que vaille, elle s'accommode de son sort, sachant que c'est le lot de tous.

Au fil des semaines, elle s'en rend compte, l'Occupation se fait de plus en plus pesante. Dans les fermes, on manque cruellement de bras. Nombreux sont les hommes prisonniers, ou requis par le STO, auxquels il faut ajouter les réfractaires partis se cacher dans les montagnes. Les filles de son âge travaillent dur pour les remplacer dans les champs, les vignes ou dans les marchés. Même les enfants sont mis à contribution pour nourrir les bêtes ou ramasser des noix. Dans la maison à côté de celle où elle loge vit Anaïs Tardy qui n'a pas vu son mari Joseph depuis le 1er septembre 1939, jour de sa mobilisation. Aux dernières nouvelles qu'elle a reçues de lui, il est prisonnier dans un camp en Prusse-Orientale. Comme pour toutes les épouses des prisonniers de guerre, et malgré les allocations versées par le gouvernement du maréchal Pétain, les économies ont vite fondu et, avec deux enfants à charge, sa vie est difficile. Gabrielle trouve son propre sort enviable, avec son petit salaire et sa pension à la colonie. Reste la question du loyer que la mairie refuse de payer. Mais l'inspecteur, M. Gonnet, s'en occupe. Le 24 janvier, suite à une lettre où il a manifesté son inquiétude, l'inspecteur d'académie relaie sa demande auprès du préfet : « J'ajoute que la municipalité n'a aucun frais à engager. Demander à cette commune une modeste contribution aux dépenses qu'entraîne l'instruction des enfants à qui le sort est particulièrement cruel, sous la forme d'indemnité de logement légalement due, ne peut paraître une exigence abusive. » Elle n'a pas connaissance de toutes ces démarches. Le 13 février 1944, quatre mois après son arrivée, le conseil municipal votera un crédit « spécial » de 1 250 francs.

Rien à faire, Izieu est un endroit où elle n'a pas d'attache ni grand monde à qui parler, en dehors de sa logeuse et de quelques personnes avec qui elle a sympathisé. Elle a un peu le cafard les premières semaines. Il faut du temps pour lier connaissance lorsqu'on arrive pour un nouveau poste. La nappe de brume qui enveloppe le paysage, la pluie fine et le froid de l'hiver qui la transperce n'arrangent rien.

L'éloignement lui pèse. Pourtant, son poste ne l'a pas écartée de plus de vingt kilomètres de son village natal. Izieu y ressemble sauf qu'à Colomieu tout le monde connaît les Perrier, et elle connaît tout le monde. Du côté de son père, Louis, modeste paysan né en 1893, la famille originaire du Dauphiné arrive à Colomieu au XVIIIe siècle et compte des ébénistes, des charpentiers, des exploitants forestiers et des cultivateurs. Pour se marier, il a choisi la jolie Antonia Vial, de six ans sa cadette, qui vit à Saint-Germain-des-Paroisses, à quatre kilomètres de Colomieu. Orpheline très jeune, elle a été élevée par ses oncles qui lui ont permis de poursuivre ses études. De fait, elle a échappé aux rigueurs du travail de la terre, et figuré parmi les premières institutrices, ouvrant le chemin des études et de l'indépendance matérielle à sa fille aînée. Gabrielle héritera de sa grande taille. En 1921, Antonia a donc épousé Louis Perrier, un homme costaud aux épaules carrées, qu'elle dépasse d'au moins une tête. Blessé à Salonique pendant la Grande Guerre, il souffre d'asthme depuis lors, ce qui ne l'empêche pas d'avoir la réputation d'un excellent travailleur. Quand Gabrielle voit le jour, le 17 mai 1922 à Colomieu, sa mère a 27 ans et son père déjà 39. Suivent Marie en 1923 et Robert en 1928. Pour élever ses trois enfants, il cultive du blé, élève des bêtes et s'occupe de ses deux hectares de vigne. Son vin blanc, qu'il vend aux établissements

Brunel et Chapot de Lyon, lui permet de subvenir aux besoins de sa famille et, grâce au salaire d'Antonia, il est assuré tous les mois d'une rentrée d'argent, ce qui leur apporte une petite aisance. La ferme, route du lac, est la dernière habitation, en haut du village. Dans la grande cour carrée sans portail, où les poules picorent en liberté, se dresse un beau platane. La maison proprement dite, aux murs épais, est en pierre recouverte de crépi clair, avec un toit de tuile et des volets en bois. Il y a une grande salle au rez-de-chaussée, ornée d'une belle cheminée, avec une longue table et une horloge en noyer. Et, à l'étage, en haut d'un escalier assez raide, quatre chambres et un grenier. Pas de salle de bains, mais un robinet d'eau froide et des baquets pour se laver. Le confort viendra après guerre.

Sur une des photos de classe prise l'année scolaire 1931-1932 dans la cour de l'école de Colomieu, Antonia, le dos droit, robe noire et col blanc, pose dans la cour avec ses élèves, dont, juste à ses côtés, sa fille aînée, Gabrielle, en blouse grise, les cheveux raides, la coupe au carré et la frange coupée au-dessus des sourcils. Les yeux grands ouverts, elle sourit gentiment au photographe. Plus tard, elle aimera les mises en plis pour boucler ses cheveux. On imagine que cette aînée studieuse et appliquée ne cause aucun souci à ses parents. Si son père a la réputation d'être un bon vivant, on prête à sa mère un caractère affirmé. Surveillant de près ses devoirs, Antonia lui transmet le goût de l'enseignement, lui donne une éducation stricte, exigeante et ambitieuse.

Après le cours supérieur, il est clair que Gabrielle doit devenir institutrice comme sa mère. À 13 ans, elle devient interne au Cours complémentaire à Belley. Son ardeur au travail lui vaut de réussir à 16 ans, en juillet 1938, le Brevet de capacité pour l'enseignement primaire. Ses efforts sont couronnés de succès et, le 23 juin 1941, la commission d'examen siégeant à Annecy (Haute-Savoie) la juge apte à obtenir son Brevet supérieur pour l'enseignement primaire. Le 13 décembre 1941, elle obtient son premier poste : institutrice suppléante à l'école primaire de Ceyzérieu, à vingt-quatre kilomètres de chez elle. Dès lors, sa voie est toute tracée.

En 1944, pour une toute jeune femme, il n'est pas commode d'être coincée là-haut. Elle rentre tard le soir, souvent à la nuit tombée, après avoir dîné à la colonie. La côte est rude entre le hameau de Lélinaz et le village d'Izieu, on dit dans le pays qu'il faut donner un sacré « coup de cul » pour la grimper. La plupart du temps, elle est « fourbue », comme elle le dit elle-même, et se plaint souvent de migraines. Pendant qu'elle boit une tisane de tilleul avec une cuillère de confiture de groseille, après avoir avalé son cachet d'aspirine, sa logeuse lui raconte la visite des dames de Belley ou des environs venues lui apporter des draps et des nappes à broder. Mais, malheureusement, il ne faut pas compter sur d'autres visites le soir. À 20 h 30, mademoiselle éteint son feu et va se coucher, Gabrielle aussi, dans sa chambre qui n'est pas chauffée !

Le jeudi, comme les enfants ne vont pas en classe, elle en profite pour ranger ses affaires, préparer des exercices ou corriger les compositions françaises. Jamais elle ne se plaint, loin d'elle l'idée de se comparer à Louise Chardon, l'héroïne malheureuse du roman de Léon Frapié, que toutes les institutrices ou presque ont lu. Dans son roman triste et noir, *L'Institutrice de province*, il décrit une jeune femme, pleine de foi en sa mission, qui se heurte à ses supérieurs, ses collègues, les parents d'élèves, et qui meurt seule cloîtrée dans sa classe, terrassée par une angine dont elle n'a jamais guéri. À défaut de subir un tel martyre, force est de constater que ses conditions d'installation sont loin d'être idéales.

Du dehors, les nouvelles arrivent avec retard, les déplacements sont limités au minimum, et les occasions de rencontres rares, par nécessité et par prudence. Plus personne ne pense à se distraire. Les jours sont de plus en plus gris, la lumière tombe vite. Le samedi, quand elle rentre chez elle à Colomieu, il arrive que son jeune frère avec ses copains viennent à sa rencontre, ce qui la touche beaucoup et l'amuse. Mais, une fois à la maison, passé le moment des effusions, il lui faut faire sa lessive, rendre quelques visites de politesse et déjeuner en famille. Son temps est compté, et les promenades jusqu'au lac d'Arboréaz, les parties de boule avec sa bande d'amis, les discussions au café Bolley, lui manquent cruellement. Car, à quoi pense une jeune fille en dehors de son travail si ce n'est à trouver un garçon qui l'emmènerait danser ? La jeune institutrice n'échappe pas à la règle, et se morfond quelque peu, les mois passant.

À l'heure où le IIIe Reich domine encore, dans l'Ain comme dans la plupart des campagnes à la mi-44, les distractions sont rares, les bals interdits, les salles des fêtes désertées. Certes, on lui a parlé des bals clandestins, où on danse la vogue comme avant guerre, mais elle ne s'y hasarde pas. Bravant la patrouille allemande et la gendarmerie, des jeunes des villages alentour qu'elle connaît se donnent rendez-vous à la pleine lune, et marchent dans les prés humides jusqu'à des granges abandonnées ou des maisons inhabitées. Au son d'un accordéon ou d'une guitare, ils dansent et oublient les soucis de la guerre. De toute manière, il est hors de question d'aller au restaurant à Belley, dont les meilleures tables sont réservées aux Allemands et aux plus riches qui n'hésitent pas à dépenser l'argent que le marché noir procure. Aller jusqu'à la préfecture de l'Ain, c'est-à-dire Bourg-en-Bresse, à quatre-vingts kilomètres, personne n'y pense à cause des restrictions de circulation, de l'absence de trains, et de bus toujours bondés. Les fêtes du village où l'on faisait connaissance sont supprimées. Le bal du 14 juillet a disparu depuis belle lurette, et tous les autres ont été interdits. Désormais, on va chez les uns puis chez les autres, on boit un apéritif ou un verre de marc. Comme il n'y a plus guère de café, on grille de l'orge. Manquent la musique, les flonflons, les robes et la piste de danse. Elle a hâte que la guerre finisse, ne serait-ce que pour circuler à nouveau et voir des amis.

Chacun espère la fin de la guerre et le retour à une vie tranquille, les adultes comme les enfants. De son côté, elle prend en patience les mauvaises nouvelles et guette ce qui pourrait arriver de meilleur. Là-haut, Gabrielle ne suit pas ce qui se dit, non par désintérêt, mais parce que son métier l'accapare entièrement. À tout bout de champ, elle peste contre le manque de matériel pour ses élèves. En réclamer à Miron lui paraît déplacé, mais a-t-on jamais vu une maîtresse d'école sans livres de lecture, ni cartes ni craies ? Consciente de la pénurie qui règne partout, elle évite de s'en plaindre. Si elle avait eu plus de temps, elle aurait pu peut-être lui demander un peu d'aide. Heureusement, l'autre institutrice d'Izieu lui a donné des bâtons de craie et des cahiers ! C'est déjà beaucoup. Elle lui en est reconnaissante. Calfeutrée dans sa classe, qui constitue son seul horizon, ses pensées vont aux devoirs à corriger, aux exercices à préparer et aux récitations à faire apprendre.

Les semaines avançant et les combats s'intensifiant, elle finit par en percevoir les échos. Au village, dans les conversations, on entend des histoires de granges brûlées dans la montagne, de personnes fusillées, de camions attaqués. Elles rejoignent d'autres nouvelles rapportées par des gens qui viennent de Bourg-en-Bresse ou de Chambéry, parlant de voies ferrées qui sautent, de parachutages nocturnes dans des prairies derrière les fermes. Il y a de quoi avoir peur, les jeunes du maquis multiplient les sabotages de trains et de voies ferrées. Le plateau des

Glières en Haute-Savoie, toute proche, a été le théâtre d'une terrible répression allemande en janvier 1944. Dans le pays de l'Ain, les maquisards de plus en plus nombreux volent du beurre, de l'eau-de-vie, des cochons, en jouant les Robin-des-Bois. Ces exploits leur valent la sympathie de certains, font peur à d'autres et déclenchent les représailles de la Milice qui parade dans les rues de Belley. On dit même que des jeunes filles, attirées par de beaux cadeaux (bicyclettes, postes de TSF, bas de soie, repas au restaurant), fréquentent les jeunes soldats allemands stationnés dans le département. Au marché, on dit aussi que, dans trois mois, l'Allemagne sera *kaput*. Gabrielle veut y croire.

Ces récits parviennent aux enfants, ils écoutent les grandes personnes, qui ne parlent pas assez bas pour ne pas être entendues ! À son grand étonnement, certains de ses élèves suivent mieux qu'elle le cours de la guerre. Un soir, Raoul Bentitou, sourire aux lèvres, du haut de ses 12 ans, lui a déclaré, l'air guerrier : « Les Allemands ? Si vous aviez vu ce qu'ils nous ont fait ! Oh, mais qu'est-ce qu'ils vont prendre ! »

« Des petits juifs »

À Izieu, en 1944, tout est quiet. C'est un village à l'écart des routes, qui vit au rythme des récoltes et des casse-croûte avalés dans les vignes et où, faute d'essence, on hésite à se rendre. Pour la même raison, on craint aussi d'en partir. Les cars qui desservent le village s'arrêtent trois fois par semaine, en bas, à Brégnier-Cordon, distant de trois kilomètres qui, sous la pluie glacée, paraissent très longs quand on est chargé. Jusqu'à la rafle au printemps 1944, ses habitants n'ont vu ni Fritz, ni Fridolins, ni Verts de gris ou Doryphores, dont on leur rebat les oreilles. Mieux encore, la grande maison où s'est installée la colonie est à huit cents mètres du village, cachée par un talus et une rangée d'arbres, au bout d'un chemin qui remonte, après l'embranchement pour Izieu. Personne n'y passe, hormis les uniques voisins, les Perticoz. De la fenêtre du grenier, on peut faire le guet, ce qui est un avantage non négligeable. À plus d'une lieue, en toutes directions, la maison est hors de vue.

À l'abri des regards indiscrets, la colonie n'est pas pour

autant coupée du monde qui l'entoure. N'importe quel curieux se rendrait compte que la classe de Gabrielle n'est pas tout à fait une classe comme les autres. C'est un secret de polichinelle. Quand Gabrielle annonce qu'elle est institutrice à la colonie d'Izieu, on ne manque pas de remarquer : « Il paraît que ce sont des petits juifs », le tout dit avec sympathie. Elle a pris l'habitude de répondre qu'elle l'ignore. Par instinct, elle évite de dire autour d'elle qu'ils sont juifs, saisissant qu'il n'est pas nécessaire de le préciser, même à ceux dont elle n'a aucune raison de se méfier. Ce n'est pas tant pour les protéger, vu qu'elle ne les croit pas en danger, que parce que cela heurte ses convictions. Elle considère que la religion de ses élèves ne la concerne pas. Sauf qu'il y a danger. Mais cela, elle ne le voit pas. Quant aux Allemands, on se dit qu'ils ont d'autres chats à fouetter que de venir dans ces collines boisées où les villages sont accrochés à flancs de coteaux.

Aucune raison personnelle n'explique la venue à cet endroit de la jeune institutrice, qui débarque vierge de toute intention autre que celle de faire travailler les élèves qu'on lui a confiés. Sa nomination est le fruit du hasard. Une autre institutrice suppléante, Suzanne Monnet, attendait elle aussi un poste. En interrogeant l'inspecteur le jour de la conférence pédagogique, Gabrielle a scellé son destin. À aucun moment, elle ne s'est portée candidate pour s'occuper d'enfants juifs, orphelins pour certains, étrangers aussi quelquefois. Ni volontaire ni engagée dans le sauvetage, c'est une Française « ordinaire » qui s'acquitte de sa tâche. Inutile de lui prêter des intentions, elle n'en a pas. Elle ne les sauve pas, ne les héberge pas, ne les cache pas au risque de sa vie. Nulle audace dans sa démarche, le seul bon sens, et la conviction chevillée au corps d'accomplir son devoir. À cela, il faut ajouter une sainte horreur du mensonge ou de la dissimulation. Obéissant à des valeurs simples et solides, celles de la République, clouées au pilori par la Révolution nationale chère au gouvernement de Vichy, elle s'acquitte de sa tâche sans s'interroger outre mesure. Dans sa conduite, rien ne révèle un engagement. Certes, chez les Perrier, on est au courant des actions menées par le maquis d'Ambléon à quelques kilomètres de la ferme. Le défilé des FFI le 11 novembre 1943 dans les rues d'Oyonnax a frappé tous les esprits. Personne n'ignore les attaques de mairies pour fabriquer des faux papiers, la distribution de tracts, l'arrachage des affiches allemandes, la collecte de légumes dans les fermes pour ravitailler les hommes répartis en groupes francs. Jusque-là, son village a été épargné, même si les convois allemands passent à proximité, et qu'on entend de temps à autre des bruits de mitraillettes.

Ce qu'elle redoute, c'est une mauvaise inspection, et ce qu'elle souhaite, comme tous ses collègues, c'est d'être bien notée. Il lui faut coûte que coûte instruire ses élèves, tous, sans distinction, et le mieux possible. Savoir d'où ils viennent ou pourquoi ils sont gardés ici ne la regarde pas. Attentive, curieuse sans être indiscrète, il lui plairait de mieux les connaître. En temps normal, elle aurait rencontré leurs parents avec qui elle aurait parlé de leurs progrès ou de leurs difficultés. Encore une différence qui ne lui rend pas la tâche facile. À son niveau, elle perçoit seulement qu'ils ont vécu des « choses terribles ». Jamais ils ne lui diront qu'ils sont juifs. Ils veulent et savent garder leur secret. On leur a demandé de « tenir leur langue », ils s'y tiennent. Si gentille soit-elle, elle ne fait pas partie de leur monde.

Le paradoxe vient du fait qu'elle ne mesure pas, comme beaucoup, le risque qu'ils encourent, alors qu'eux en ont toute conscience. Après ce qu'ils ont vécu, ils ont compris qu'ils sont menacés de mort. Ils ont vu leurs parents embarqués par des gendarmes ou des policiers, parqués dans des camps, eux-mêmes l'ont parfois été aussi. Gabrielle ne sait pas trop de quoi il retourne. Impossible d'imaginer leurs cauchemars, leurs rages enfouies, leurs frayeurs. Face à elle, ils se taisent. Comment pourraient-ils répondre à sa question : « D'où viens-tu ? »

Au tout début, elle se montre désemparée, voire maladroite, parce que personne ne pense à lui expliquer ce qu'ils ont vécu. Pas le temps, pas l'envie, et par sécurité aussi. Intuitivement, les enfants, bien plus mûrs qu'elle, ont compris que les adultes à qui ils ont affaire ne leur veulent pas toujours du bien. Sauf que cette fois-ci, dans cette maison éloignée, entourée de belles montagnes, pour la première fois ils sont presque comme d'autres à qui elle a fait classe.

Que leur apporte-t-elle ? À ses yeux, rien d'exceptionnel. Elle se trompe, car si elle a peu, elle offre aux enfants ce qui leur manque le plus : de l'affection et un semblant de vie normale. Pour eux, aller en classe, c'est davantage qu'apprendre à lire et à compter. C'est mener la vie des autres enfants.

Elle donne le meilleur d'elle-même. Tout est naturel chez elle, spontané et généreux. Aucun esprit de calcul, ni arrière-pensées, bien au contraire. Elle agit pour « rien », sans attendre autre chose en retour que la satisfaction de voir ses élèves progresser. Son principal objectif ? Comme toutes les institutrices, le certificat d'études pour les meilleurs ou, mieux encore, l'entrée en sixième.

Que ses élèves soient juifs passe au dernier rang de ses préoccupations, c'est leur niveau, pour certains, qui l'embête, et les mauvaises conditions dans lesquelles elle leur fait la classe.

Au village, on remarque que ni les enfants de la colonie ni les moniteurs ne vont à la messe le dimanche à Izieu ou, s'ils sont venus, on ne s'en est pas étonné. Peu à peu, ils se fondent dans la vie du village. Un ou deux ont été vus au catéchisme à Brégnier-Cordon, paraît-il. Probablement dans l'idée de donner le change ou par curiosité. Après tout, se dit Gabrielle, ils ne sont peut-être pas tous juifs. Personne n'est vraiment dupe. Gabrielle, absente le dimanche, n'est pas trop au courant. À la colonie, à sa connaissance, pas de prières. Elle s'en étonne un peu, mais elle se dit que les parents de ses enfants ne pratiquent pas leur religion. Tout cela reste vague et ne revêt pas d'importance à ses yeux.

Est-elle au courant des arrestations et des rafles qui

ont lieu dans le département, à quelques kilomètres, et dans le reste de la France ? Rien n'est moins sûr. Il y a bien eu la belle déclaration de Mgr Saliège, archevêque de Toulouse, qui laisse percer son déchirement un an auparavant, à l'été 1942, après les rafles perpétrées dans la zone libre et la livraison aux Allemands, par Vichy, des juifs étrangers internés depuis deux ans : « Les juifs sont des hommes, les juives sont des femmes. Tout n'est pas permis contre eux, contre ces hommes, contre ces femmes, contre ces pères et mères de famille. Ils font partie du genre humain. Ils sont nos frères comme tant d'autres. Un chrétien ne peut l'oublier. » Un écho lui en est-il parvenu ?

Avec sa mère, Gabrielle va à la messe le dimanche à l'église de Colomieu. Son père, lui, accepte d'y aller pour les grandes occasions, les baptêmes, les mariages, les enterrements, la messe de Noël, de Pâques et le 15 août. Est-elle croyante ? On ne sait pas exactement. En tout état de cause, si elle se définit comme une institutrice laïque, cela ne l'empêche pas de rester attachée à sa religion.

Dans la région, cela se sait que ces enfants réfugiés de l'Hérault et leurs moniteurs sont juifs. La maison dirigée par Sabine Zlatin n'est nullement clandestine. Son installation est tout ce qu'il y a de plus officiel, et tout ou presque se fait au grand jour. Des listes et des fiches, il y en a partout. La Gestapo, la mairie, la sous-préfecture, la police, la gendarmerie, la Milice, les habitants d'Izieu et des environs, tous sont plus ou moins au courant.

Comble du paradoxe, en effet, la colonie d'Izieu est tout ce qu'il y a de plus officiel. Miron a même commandé un tampon « Colonie d'enfants réfugiés d'Izieu par Brégnier-Cordon » dont il se sert. La directrice bénéficie de toutes les autorisations signées du sous-préfet et, s'il n'est pas mentionné systématiquement que ce sont des enfants juifs, les éducateurs qui y travaillent ont tous des autorisations de résidence délivrées aux juifs étrangers qui séjournent dans le département. Max-Marcel Balsam, Marcel Bulka et Henri Goldberg suivent les cours du collège moderne de Belley, où ils sont inscrits sous leurs noms véritables. En revanche, le nom de Maurice Gerenstein n'apparaît dans aucun registre. Sans doute parce qu'il est arrivé après les autres. C'est plus prudent en cas de vérification. Depuis que les Allemands occupent les départements français situés à l'est du Rhône, les juifs qui y sont réfugiés sont en grand danger.

Tous les quatre sont internes et rentrent à la colonie en fin de semaine et pour les vacances scolaires, où les autres pensionnaires rentrent alors chez leurs parents. Par simple précaution, Gaston Lavoille, le directeur du collège depuis six ans, a demandé aux autres élèves de se montrer discrets concernant ces nouveaux pensionnaires. Il n'est pas interdit par Vichy de les accueillir, mais mieux vaut ne pas attirer l'attention sur eux, il y a toujours de bonnes âmes pour remarquer les « différences ». On croit à tort que la région sera épargnée parce que les gendarmes semblent débonnaires, et parce que les Allemands, aidés par les miliciens, sont obsédés par le maquis. On imagine que l'on ne sait rien ou pas grand-chose de l'origine des enfants. Qui se soucie d'eux ? Au hameau de Lélinaz ne sont-ils pas « au bout du monde » ? Du moins se plaît-on à le croire.

Cela va de soi, l'installation de la colonie des enfants réfugiés de l'Hérault, six mois avant la venue de Gabrielle, n'était pas passée inaperçue, et les rumeurs sont allées bon train. Ainsi, quand Miron Zlatin, à son arrivée en mai 1943, a acheté, à l'épicerie de Brégnier-Cordon et au bazar de Belley, des draps, des serviettes, des ustensiles de cuisine, bref de quoi équiper la maison, on a parlé de « colonie américaine ». Alors personne ne pense à mal.

Le rapport du Service social d'aide aux émigrants, rédigé en février 1944, le remarque sans détour : « Les habitants sont bien disposés envers la colonie. » Mais quelques lignes plus loin, l'auteur du rapport tient à préciser : « Malgré l'influence de Mme Zlatin, le département de l'Ain est peu favorable aux étrangers. »

Cependant, le maire, dont les relations avec la directrice ne sont pourtant pas bonnes, signe les certificats de travail des moniteurs de la colonie, et la municipalité donne un avis favorable à la prise en charge gratuite des trois garçons hospitalisés à Chambéry pour cause de gale. À la gendarmerie de Brégnier-Cordon, on ferme les yeux quand Léon, le jeune frère de la doctoresse, disparaît la veille du jour où Marcel Fontaine, maréchal des logis chef de Brégnier-Cordon, monte à la colonie avec ordre de l'arrêter.

La colonie ne vit pas en autarcie, d'autant moins que le nombre d'enfants ne cesse de croître. Les besoins en nourriture augmentent sans arrêt. Pour chaque enfant inscrit, l'OSE verse une pension de 25 francs. Souvent, leur séjour est imprévu, dure plus longtemps, et les mandats n'arrivent pas toujours à temps. M. Vollet, qui tient un café-épicerie, et dont le fils livre régulièrement des raves ou des topines, autre nom des topinambours, à la colonie, le sait bien. Comme il sert aussi de dépôt de la maison Badin des Forêts, il voit parfois les enfants venir faire les commissions. « Les cartes des enfants peuvent être honorées chez un laitier du village », note le service social dans son rapport, louant les avantages de la colonie qui bénéficie d'un climat sain. Mme Héritier, qui garde la petite Yvette Benguigui, travaille comme lingère à la colonie. Les comptes, tenus soigneusement par Miron Zlatin, le montrent : les commerçants et les fermiers des environs fournissent régulièrement l'établissement. Que ces gens viennent du Midi ou d'ailleurs, quelle importance ? On a l'habitude. C'est une tradition du pays. On y accueille au grand air des enfants des villes, pour leur redonner des forces. Beaucoup viennent de l'Assistance publique. Et la guerre accroît la demande, on veut mettre les plus petits à l'abri des bombardements, en espérant qu'ils seront mieux nourris qu'en ville. Premiers concernés, les enfants juifs sont placés par sécurité dans des familles d'accueil que les organisations de secours sollicitent de plus en plus souvent. La famille Borget, par cxemple, garde deux enfants juifs, un frère et une sœur de 8 et 10 ans, qui leur ont été confiés par un médecin lyonnais, le Dr Gradon (sans doute pour Gradovsky), dont l'épouse a été arrêtée. Personne ne s'en étonne.

Quand les enfants les plus grands se rendent au village pour les commissions « on aime bien les voir passer », dit-on. Mlle Maché, qui les a vus sur le chemin de l'épicerie, les a trouvés « gracieux et bien polis » depuis qu'ils l'ont saluée sur son passage. Sa réflexion est allée droit au cœur de Gabrielle. Un autre jour, quelqu'un l'a complimentée sur le petit Hans, 9 ans, un bel enfant aux joues roses et aux cheveux blonds. Elle y voit la preuve qu'ils sont des enfants comme les autres. Presque des enfants du village. Parfois on ajoute : « Ah, les pauvres ! Ce sont des enfants qui ont eu bien du malheur ! »

Mieux encore, le curé du village lui demande, un jour où il la croise : « Alors, mademoiselle, vous êtes contente de vos élèves ? Font-ils des progrès ? » C'est gentil de sa part. Le fait qu'il pose cette question la conforte dans son rôle d'institutrice et d'éducatrice, responsable de ses élèves et de leur conduite.

Au fil des semaines, Gabrielle remarque que l'atmosphère dans la colonie s'assombrit quelque peu. Moins de rires, plus de messes basses, et les allées et venues de la directrice qui se multiplient. Le premier changement intervient juste après l'arrestation du jeune médecin, Albert Bendrihem 37 ans, installé à Glandieu, à trois kilomètres de Lélinaz, où il a ouvert un cabinet au printemps 1941. À plusieurs reprises, il a été amené à soigner des membres de la colonie, et donc le nom de Sabine Zlatin figure dans son carnet de visites. Gabrielle ne l'a vu qu'une fois. On ne le lui a pas présenté.

On croit à une dénonciation. « Il ne se doutait pas qu'il

y avait des brebis galeuses… » laisse entendre un de ses patients, indigné par son arrestation en plein après-midi, à 16 heures précisément, par des soldats allemands. En réalité, le médecin juif, qui exerce au vu et au su de tout le monde, est fiché. Son autorisation d'exercer, délivrée par le secrétariat à la Famille et la Santé a été communiquée au Commissariat aux questions juives. Lui s'est cru en règle et donc ne s'est pas caché. L'aurait-il voulu que son adresse était connue. Autre source d'inquiétude, la descente de la Gestapo à Chambéry au siège de l'UGIF (Union générale des Israélites de France) où sont conservés les noms et les adresses des juifs secourus, y compris les Zlatin qui reçoivent de l'argent de l'organisme. Ces derniers s'étaient installés là au printemps 1943 avant l'ouverture de la colonie. Plusieurs pensionnaires d'Izieu en viennent.

À partir de ce moment-là, Gabrielle sent l'équipe de plus en plus tendue, sans en comprendre les véritables raisons ni saisir la gravité de la situation. Ignorante de l'ampleur des persécutions contre les juifs, elle ne se doute pas que les enfants sont aussi menacés. Seuls les adultes sont visés, à partir de 15 ans, croit-on savoir.

Longtemps après, Gabrielle se souviendra de la réflexion de la directrice : « Je suis inquiète pour nous. » Pour nous, les adultes, avait compris Gabrielle. Pas les enfants.

Il y a de quoi avoir peur. Pendant que la directrice s'alarme et envisage de disperser les enfants, Gabrielle, elle, se soucie avant tout de leurs progrès. Compte tenu du va-et-vient qui règne dans la colonie, il n'est même pas sûr qu'elle s'aperçoive du départ du jeune Paul. Après la visite d'un gendarme de Brégnier-Cordon, l'adolescent quitte précipitamment la colonie pour être conduit en Suisse. Paul Niedermann, 16 ans, est « grand pour son âge », il parle avec un fort accent allemand et risque d'éveiller des soupçons autour de lui. Mais Gabrielle ne l'a pas en classe, il travaille dans le jardin potager derrière la maison avec Miron. Il l'a aidé à semer des légumes, des haricots, des pommes de terre, des salades, des épinards. Avec les trois autres « grands », Théo, Arnold, Fritz, il est logé au grenier. A-t-elle remarqué son absence ? À peine, et si elle finit par s'en rendre compte, il n'est pas certain qu'elle interroge quiconque. Elle sent bien que la sécurité de tous passe par le silence. De toute manière, sa priorité, c'est le travail de ses élèves. Rien ou presque ne la distrait.

Puis, c'est au tour de Léa, la jeune aide-monitrice, la compagne de Gabrielle, de s'absenter trois semaines en mars. Il lui faut retourner à Montpellier avec pour mission de trouver un lieu plus sûr pour la colonie. Aux yeux de Gabrielle, c'est sans doute pour régler des papiers ou avoir des nouvelles de son frère et de sa sœur. Elle doit avoir ses raisons, se dit Gabrielle qui se désole de son départ parce que cela lui donne un surcroît de travail. Il va lui falloir occuper les petits. Pourquoi s'étonner de cet aller-retour ? Rien de suspect puisque la gendarmerie de Brégnier-Cordon, à deux kilomètres à peine, lui a accordé un sauf-conduit, tout semble en ordre.

Toute cette agitation échappe en grande partie à Gabrielle préoccupée en priorité par les devoirs à corriger et ses préparations en retard. Ce n'est pas son rôle de veiller à la sécurité de la colonie. La directrice semble savoir ce qu'il faut faire, tout le monde se repose sur elle.

Pourtant, les raisons de s'inquiéter se multiplient. Le 6 mars, le sous-préfet, Pierre-Marcel Wiltzer, est soudainement muté à Châtellerault, ce qui n'est pas bon signe. Par prudence, et pour ne pas peiner les enfants qui savent ce qu'ils lui doivent, il ne monte pas à Izieu pour leur dire adieu. Son successeur n'est pas dans les mêmes dispositions vis-à-vis de la colonie. Loin s'en faut.

Le mot d'ordre, désormais, c'est partir. La directrice y songe, mais croit, à tort, avoir encore le temps. On la presse de toute part. Ce n'est que le 3 avril 1944 qu'elle se rend à nouveau à Montpellier pour chercher un abri sûr. Or l'étau se resserre. À chaque ville gagnée par les Alliés, la violence des Allemands augmente d'un cran. Il faut agir vite.

L'Ain a son lot de collaborateurs et de miliciens, et Belley n'échappe pas à la délation. À la sous-préfecture de Belley, on ne compterait pas moins de quatre-vingts lettres de dénonciation. Une au moins concerne la colonie : « C'était une lettre écrite à l'encre bleue, rédigée d'une écriture maladroite, sur une demi-page. Elle disait, racontera plus tard le sous-préfet Wiltzer, que les enfants de la colonie étaient des enfants juifs. Elle n'était pas signée. » Il l'avait détruite. Est-ce qu'il y en avait eu d'autres, envoyées directement à la Gestapo ?

Là-haut, 6 avril 1944

Jeudi 6 avril 1944. C'est jour de marché à Belley et le premier jour des vacances de Pâques. La température est douce, l'air agréable, dans les prés les jonquilles, primevères, jacinthes et autres violettes sortent de terre. Mais *L'Abeille du Bugey* s'alarme : « La sécheresse commence à inquiéter sérieusement les agriculteurs, les jardiniers, et ceux qui ont le souci du ravitaillement. Après la bise, c'est le vent du Midi qui souffle sans apporter la pluie bienfaisante qui ferait pousser l'herbe. » Et de poursuivre : « Cependant il a l'avantage de faire disparaître la neige dans la montagne et de réchauffer un printemps qu'emprisonnaient les glaces de l'hiver. »

Place des Terreaux, à laquelle aboutissent presque toutes les routes qui mènent à Belley, les fermiers des environs vendent, sous la halle, leurs produits ou, plus avantageux, les échangent contre du café, du sucre, des bottes ou des chemises. Le Bugey, réputé pour sa gastronomie, est à la même enseigne que le reste de la France, on y mange de plus en plus mal. Les réserves sont épuisées, les Allemands réquisitionnent à tour de bras, les garçons vont pêcher clandestinement dans le Rhône ou les rivières, le marché noir bat son plein, plus que jamais. Le système D règne et tout le monde ou presque fraude. On vend sous le manteau de la viande ou des écrevisses pêchées au parapluie, du café, voire des produits d'entretien. Vichy, soi-disant, réprime ce trafic massif des marchandises en contrebande et, pour preuve, un hôtelier réputé de Belley est emmené entre deux gendarmes. Des jeunes, sensibles à l'appel du Maréchal, appâtés par un bon salaire, rejoignent les rangs de la Franc-Garde, la branche armée de la Milice française. Une partie des notables de la ville, un antiquaire, un pharmacien, un ingénieur, un chapelier, un fondé de pouvoir, effrayés par le communisme, adhèrent à la Milice que dirige Joseph Darnand, natif de Coligny, dans l'Ain. Un enfant du pays. D'autres, au contraire, rejoignent le maquis, quand d'autres encore, les plus nombreux, se tiennent à l'écart.

En ce jeudi saint, on essaie d'oublier les rigueurs de la guerre et on prie pour sa fin prochaine. Il reste deux mois avant les grandes vacances, ce qui inquiète Gabrielle, guère convaincue que ses élèves seront prêts pour les épreuves du certificat d'études dont la date se rapproche à grands pas. Il va leur falloir mettre un coup de cravache !

Cette année, les vacances de Pâques sont écourtées, à peine cinq jours, guère le temps de souffler. Allez savoir pourquoi le ministère de l'Éducation nationale a pris cette décision ! Personne n'avait été capable de le lui expliquer ! La directrice lui avait proposé de prendre quelques jours de plus, mais cela la gênait parce que ce n'était pas à Mme Zlatin d'en prendre la responsabilité. Seule une véritable directrice d'école aurait pu l'autoriser à s'absenter.

Le cœur léger, elle profite chez elle de ces quelques jours de repos dont elle a grandement besoin et, cet après-midi du jeudi saint, elle arpente les rues de la ville pour faire ses emplettes. À la colonie, il lui semble avoir vu des préparatifs. Pour Noël, elle se souvient que le pâtissier de Belley, M. Peycru, qui cachait des gâteaux sous le comptoir, en avait donné au sous-préfet Wiltzer. Les enfants s'étaient régalés. Mais maintenant, qui va leur en apporter ?

Sur la place carrée ornée de sa belle fontaine, les étals du marché sont assez vides, les gens râlent dans les queues, se plaignent des réquisitions et de la flambée des prix. Jamais le marché noir n'a été aussi intense. Face à l'imminence du Débarquement, la Résistance multiplie les coups de main audacieux, ce qui inquiète les uns et donne de l'espoir aux autres. Pour les Allemands, c'est le printemps de la dernière chance. La Wehrmacht subit revers après revers sur le front de l'Est. D'où son ardeur. Aidée par les miliciens et autres auxiliaires, elle entend appliquer un régime de terreur pour dissuader la population de venir grossir les rangs des « terroristes ».

Il y a foule comme d'habitude les jours de marché. Outre les gens des environs et ceux qui viennent de plus loin – même des Lyonnais, à l'affût de victuailles –, les

Belleysans se sont habitués à y voir Gertrude Stein réfugiée à Billignin, avec son amie Alice Toklas, toutes les deux folles du Bugey, de ses habitants et de sa gastronomie. Avec sa coupe de cheveux ras, sa jupe en laine longue jusqu'aux pieds et sa veste d'homme ample, Gertrude Stein ne passe pas inaperçue d'autant plus qu'elle parle fort et rit aux éclats lors de ses « descentes » à Belley. On croise aussi le médecin-colonel à la retraite Perrignon de Troyes, conseiller municipal, qui déambule en culottes de cheval et bottes, une cravache à la main. On le retrouvera noyé dans le Rhône par la Résistance pour son appartenance à la Milice. À l'inverse, on apprend que Mme Maignial, une dame d'âge mur, épouse d'un ancien conseiller à la cour d'appel de Lyon, connue de tous pour sa passion de la chasse, a été dénoncée en octobre 1943 comme gaulliste par le chef de la Milice de Belley, l'imprimeur Aimé Chaduc.

À Izieu, ce matin-là, le curé était allé tôt ouvrir l'église. Tout était prêt pour accueillir les paroissiens pour la messe du jeudi saint. À la colonie, à huit cents mètres, la cloche du réfectoire avait appelé les enfants pour le petit déjeuner. C'était le premier jour des vacances, les enfants avaient fait la grasse matinée, l'humeur était joyeuse. Julien Favet, l'ouvrier agricole qui travaillait à la ferme des Perticoz, guettait les enfants qui devaient lui apporter son casse-croûte. Il faisait beau, il était torse nu et en short. Tout était tranquille.

Au détour d'une rue de Belley, Gabrielle, munie de sa liste de courses et de son panier encore vide, est accostée par une connaissance d'Izieu. Elle est toute contente de lui dire bonjour. Sauf que quelque chose cloche dans son allure. Elle la regarde bizarrement :

– Tu es au courant de ce qui s'est passé ?

L'air ahuri, Gabrielle secoue la tête.

– Eh bien, non. Quoi ?

– Mais tu ne sais donc pas ? Les Allemands sont venus ce matin à Izieu et ont emmené toute la colonie ! Des soldats sont encore là-bas, ils gardent la maison.

Gabrielle en a le souffle coupé. Elle pâlit sous le coup, considérant son amie avec stupeur. On aurait dit qu'elle venait de lui donner un coup de poing.

– Je ne te crois pas.

Elles se faisaient parfois des farces, celle-là n'est pas drôle, se dit Gabrielle un quart de seconde, avant de comprendre.

– Ce n'est pas vrai !

– Si. Malheureusement.

Paniquée, Gabrielle fait demi-tour, l'esprit totalement vide. Elle s'enfuit de Belley. Jamais elle n'a pédalé aussi vite. Une boule d'angoisse se noue au creux de sa poitrine. Si les Allemands étaient venus la veille, que ce serait-il passé ? Ils l'auraient emmenée, c'est sûr. Sa famille est-elle en danger ? Puis, passé le premier choc, elle essaie de se raisonner. Non, les Allemands n'en ont pas après elle. Elle n'a rien à se reprocher. Ses papiers sont en règle.

Mais ils voudront peut-être l'interroger. Mille questions l'assaillent.

Comment cela a-t-il pu arriver ? Que s'est-il passé après son départ ? Hier, avant que ne tombe la nuit, elle a enfourché sa bicyclette, accroché son sac et, accompagnée de nombreux « Au revoir, mademoiselle, et bonnes vacances ! », elle a pris le chemin du retour, toute guillerette à l'idée de ces jours de repos. Elle se souvient des enfants joyeux et affectueux lui faisant une sorte de haie d'honneur, et elle, insouciante, pleine de joie, la conscience tranquille, ravie à la perspective de ces quelques jours de congé.

À ce moment-là, la directrice était absente, encore à Montpellier, et Miron, en train de sillonner les routes pour améliorer le ravitaillement. Elle se revoit, avant la tombée de la nuit, pédaler dans la descente, laissant derrière elle les enfants heureux d'être en vacances comme tous les enfants de France !

Les images se bousculent dans sa tête. Pourquoi les Allemands ont-ils attendu les fêtes de Pâques ? Pourquoi sont-ils montés jusque-là ? Vont-ils venir la chercher elle aussi ? Elle pense au petit Albert Bulka, dit « Coco », qui pleurniche sans cesse accroché à Léa et qui appelle le voisin, Eusèbe, « papa » ? Et Raoul, son préféré, avec sa bouille rigolote qui chante tout le temps ? Et les trois frères Benguigui ? Yvette, leur petite sœur qui vit au village, a-t-elle été épargnée ? Gabrielle sait qu'il y a aussi deux autres enfants juifs qui n'appartiennent pas à la colonie et qui sont gardés chez les Borget dans le village. Les ont-ils pris aussi ?

Lui revient en mémoire le départ de deux moniteurs qu'elle avait remarqué et dont personne ne l'avait prévenue. Du jour au lendemain, elle ne les a plus vus. Elle s'en est étonnée. D'après ce qu'elle a compris, Rachel, enceinte, est allée passer une visite médicale en ville. Serge, son mari, l'a accompagnée. Mais ils ne sont pas revenus. C'était début mars. Ont-ils été prévenus ? Ont-ils été arrêtés ? Elle n'arrive pas à imaginer que les vieux parents de la doctoresse, si charmants, ont été pris aussi. Dans l'ignorance complète du sort réservé aux juifs arrêtés, elle échafaude toutes sortes d'hypothèses. Elle redoute le pire, mais elle l'ignore.

Le soir, au moment du dîner, l'épicière, qui tient la cabine téléphonique publique, lui apporte un message du maire d'Izieu, M. Tissot. Il lui confirme la rafle des enfants et de tout le personnel. Il ne faut pas revenir, les Allemands sont toujours là.

Ferme des Perticoz, après la rafle

Quand Gabrielle, le visage crispé, apparaît sur le seuil de la ferme, Eusèbe Perticoz, à peine remis du choc de la rafle, la fait vite rentrer à l'intérieur. « Ils ont embarqué tous les enfants. Oh oui, les pauvres petits. Je les ai trouvés courageux. Ils sont partis en chantant *Vous n'aurez pas l'Alsace et la Lorraine* », commence à raconter Eusèbe Perticoz à Gabrielle, assise en face de lui, les yeux écarquillés, incrédule. Peu après, il répétera mot pour mot le récit de la rafle aux gendarmes et à l'ancienne directrice – à qui il fournira une attestation par télégramme un an plus tard, écœuré par ces « monstres de Boches ».

Au fur et à mesure, Gabrielle découvre ce qui s'est passé. Ses pensées vont à Léa et à son sourire, à Miron et sa carriole, et à la doctoresse... Est-ce que les enfants ont cru qu'ils partaient en promenade ? Non, sûrement pas. S'ils ont chanté, c'est pour se donner du courage. Ou stopper les larmes des plus petits. Cette chanson, elle ne la leur a pas apprise. Pas musicienne pour deux sous, Gabrielle avait laissé à Léa le soin de leur faire répéter cette chanson pour la fête de Noël. D'après ce qu'elle sait, plusieurs garçons l'avaient apprise au collège. Et puis, à y réfléchir, elle n'est même pas sûre d'en connaître les paroles…

Ce matin-là, personne ne fait le guet, les enfants viennent de se réveiller, ils ont ouvert les volets, et se préparent à prendre leur petit déjeuner. Rien ne presse, c'est le premier jour des vacances, il n'y a pas école. On ne pense à rien d'autre. La surprise est totale. La première à voir arriver les Allemands, c'est Juliette, la belle-fille d'Eusèbe Perticoz, sortie ramasser des poireaux. Rentrée à toute vitesse dans la cuisine, elle a regardé par la fenêtre la triste scène. « On pleurait avec ma belle-mère. »

« Mon fils a essayé de s'enfuir, raconte Eusèbe. Les soldats lui ont donné l'ordre de s'arrêter sous peine de lui tirer dessus. Il a bien été obligé de revenir en arrière. Alors ils l'ont gardé à vue jusqu'à leur départ. Moi aussi, d'ailleurs. »

Le seul, d'après le fermier, à avoir échappé à la rafle, c'est Léon, le frère cadet de la doctoresse que Gabrielle n'a pas vu, parce qu'il est arrivé très tôt jeudi, le matin de la rafle. Son idée, c'était de passer quelques jours avec sa sœur Suzanne, son neveu Claude et ses parents, Eva et Moïse. Sur son chemin, Léon a emmené avec lui deux garçons, Max Balsam et Maurice Gerenstein, internes à Belley, pour qu'ils s'aèrent et voient leurs camarades. Ils ont pris le car jusqu'à Brégnier-Cordon en bas de la côte et continué à pied par le petit raccourci qu'ils connaissent, pour arriver le plus discrètement possible. Il est 8 h 30, peut-être 9 heures. La journée promet d'être agréable. Il est heureux à l'idée d'embrasser ses parents et de voir sa sœur et son petit neveu.

Comme prévu, Léon, joyeux et plein d'entrain, embrasse ses parents et se dirige vers l'infirmerie à l'étage où il pense trouver sa sœur. Il bavarde avec elle, et il entend la sonnette d'en bas qui appelle tout le monde pour le petit déjeuner. Dans l'escalier, son cri le stoppe net : « Léon ! Les Allemands ! Sauve-toi ! » D'en haut, il voit dans le couloir qui mène au réfectoire trois personnes en civil. L'un d'entre eux, en costume bleu, l'aperçoit et lui demande de descendre. Au contraire, il fait demi-tour, il remonte à l'étage. Le soldat, qui le voit enjamber la fenêtre, passe très près de lui en fouillant le jardin à sa recherche. Est-ce qu'il a feint de ne pas le voir ? Possible.

Abasourdie, Gabrielle écoute le récit du fermier, témoin de la rafle et de sa violence : les Allemands qui crient, des enfants qui sanglotent, et des adultes qui essaient de les réconforter. « C'était atroce, dit-il en soupirant. Cela nous a fait quelque chose. On les aimait tant. » Revenant des champs, en short et bras nus, Julien, l'ouvrier des Perticoz, a aperçu des soldats, une quinzaine environ, dans la cour en face de la maison, trois hommes en civil, deux en gabardine, et un autre, un cultivateur du coin, Lucien Bourdon, un homme d'une quarantaine d'années, et deux camions sans bâche et une voiture. Les soldats ont failli l'embarquer quand ils l'ont vu débouler avec ses gros brodequins pleins de terre, l'air passablement étonné, croyant que les Allemands étaient venus se ravitailler en bois.

Les ordres sont formels, il faut embarquer tout le monde, quarante-quatre enfants et six adultes. Les soldats rentrent du « nettoyage » de plusieurs maquis, ils ont été informés de la présence d'une maison d'enfants juifs, ils n'ont pas de temps à perdre. Il leur faut encore faire la route jusqu'à Lyon, au moins quatre à cinq heures. Les soldats, mitraillette au poing, rudoient le garçon : « Vous cachez bois ! Vous sauter ! » Ils l'ont pris pour Léon. Le pauvre, il ne comprend pas ce qui lui arrive. « Non, non ! » crie-t-il. Et il voit des hommes en gabardine, des soldats menaçants, crier « Schnell ! Schnell ! » pour faire monter plus vite les enfants dans les camions. Lucien Bourdon explique aux Allemands que Julien travaille là.

« C'est un capitaine haut et large, et roux, qui commande rondement l'opération », explique le paysan révulsé. « Les plus grands, ceux de 10-12 ans, ont essayé de redescendre du camion. Les Allemands les ont rattrapés et les ont jetés comme des sacs de pommes de terre », ajoute Julien révolté par tant de violence. Il y a un lieutenant qui lui a dit : « Moi, si l'on venait chercher mes enfants, je les défendrais n'importe comment. Mais quoi, il y a la Gestapo, il y a la Milice, il faut obéir. » C'est le réflexe de Miron, qui sait qu'avec les Allemands, il est impossible de parlementer, et qu'il vaut mieux rester calme.

Spontanément, Eusèbe a voulu s'interposer, mais Miron Zlatin l'a supplié de ne rien tenter : « Monsieur Perticoz, ne sortez pas. Restez bien calé chez vous. » C'est vrai, les voisins s'étaient réellement attachés aux « petits juifs », comme on disait dans le village. Ils ne dérangeaient personne, ils aidaient un peu aux champs, et c'étaient des gens agréables, qui donnaient un peu d'animation. Ils n'avaient pas souvent à faire à la directrice qui menait tout ce petit monde à la baguette, parce qu'elle s'absentait souvent. C'est Miron qui était leur interlocuteur, cet homme si doux et si brave, qui se démenait comme un beau diable. Dans l'économat, juste à côté du réfectoire, il jonglait avec l'argent que lui envoyait l'OSE, les subsides du Service des réfugiés, les tickets de rationnement, tout était noté dans son livre de comptes. Des habitants se montraient généreux aussi en offrant à l'occasion des légumes ou du fromage. Miron se donnait tellement de mal pour nourrir toutes ces bouches, on avait pris l'habitude de l'aider par un sac de pommes de terre, des légumes ou des courges !

Les enfants du village qui gardaient les vaches dans les prés ou allaient dans les vignes jouaient avec ceux de la colonie. Mais ils les enviaient un peu, aussi : on ne les obligeait pas à travailler dans les champs comme eux, à donner à manger aux poules, trier les noix, ou porter des brocs d'eau. Ils leur semblaient plus gâtés qu'eux, ignorant qu'ils souffraient d'être séparés de leurs parents qu'ils ne reverraient pas. Les plus grands l'avaient compris.

Ce qui amusait les Perticoz, c'était la curiosité des enfants pour les animaux et les travaux de la ferme. Tout les intéressait, eux qui venaient des grandes villes ne connaissaient rien aux champs et s'émerveillaient de tout.

De bonne heure, ce jeudi-là, deux gamins avaient prévenu Julien, l'ouvrier agricole des Perticoz, qu'ils aimaient bien : « On ne viendra pas ce matin avec vous, on est de corvée de dortoir. » Et Julien Favet était parti creuser un fossé dans la vigne pour planter des asperges. Son patron le lui avait demandé. Le temps était magnifique.

Le plus révolté, c'est lui. Après le départ des enfants, il est monté dans sa chambre, et il a fait une crise de nerfs. Il était prêt à aller chercher un fusil et à « flinguer » les Allemands. M. Perticoz l'en a empêché en lui expliquant que les Allemands étaient capables de mettre le feu au pays en représailles. Depuis qu'il les a vus jeter les enfants dans le camion comme des « pommes de terre », il le répète : « Ils ont été vendus. »

La maison vide

Devant la maison aux volets ouverts, tout semble ou presque comme à l'accoutumée. La nature se réveille, Gabrielle ne regarde ni les bourgeons sur les arbres, ni les fleurs, les coquelicots et les violettes dans les prés alentour. La porte d'entrée est entrebâillée, elle s'engage dans le vestibule sombre et froid. Le plus grand silence règne dans la demeure. D'habitude elle résonne du son des rires et des galopades des enfants. Elle avance d'un pas hésitant. A-t-elle peur ? Le bruit de ses propres pas la trouble, jamais elle n'a été seule dans la maison.

Le réfectoire offre un spectacle de désolation. Les bols du petit déjeuner sont encore là, la moitié renversés, les serviettes froissées. Dans la cuisine, les placards ont été vidés. Le sol est jonché de papiers et de saletés, le plus grand désordre règne. On l'a répété à Gabrielle, après le départ du convoi, cinq soldats se sont installés sur place, probablement pour attendre la directrice. Ils ont pillé la maison, emporté des vestes et des pardessus, une montre d'homme en or, probablement celle de Miron, sa bicyclette avec la remorque, un bracelet en or, cinq paires de draps de lits et deux édredons, se sont largement servis dans les provisions et les réserves de vivres, y compris dans le matériel de pharmacie et de petite chirurgie, d'après le procès-verbal de la gendarmerie. Ils sont allés chercher du vin chez les Perticoz et sont restés trois jours avant de repartir avec leur butin, et donner les clefs au maire. Lors de la rafle, ils se sont emparés d'un cochon de la ferme, le petit Wucher se souviendra l'avoir vu dans la voiture entre les jambes d'un soldat allemand. À lui de distribuer aux particuliers ce qui peut servir et de donner le reste aux pauvres de la commune. Le matériel de couchage et les tables reviennent au département, a affirmé le nouveau sous-préfet, Jules Serieyx, après l'inventaire. Les pupitres, le matériel et le tableau avaient été prêtés par les communes de Brégnier-Cordon et de Peyrieu. Il faudra les rendre, a écrit le maire dans son rapport.

Comme une ombre, elle monte l'escalier en bois et en tomettes rouges. La classe est sens dessus dessous, dans un désordre indescriptible. Les cahiers jetés par terre, les chaises tombées, les crayons éparpillés, la classe est saccagée.

Dans sa propre classe, où elle déambule entre les pupitres, elle ne reconnaît plus rien. Elle a l'impression d'être entrée par effraction. Mécaniquement, avec des gestes hâtifs, elle ramasse quelques cahiers et des dessins au hasard, ce qui lui tombe sous la main, les repose sur les tables. Elle ne sait même pas ce qu'elle doit faire. Faut-il récupérer la liste des élèves ? Faire un rapport ? Il lui reste à prendre sa blouse restée accrochée à l'espagnolette de la fenêtre, elle la décroche et la range dans son sac. Elle sent dans la poche le sifflet que lui a donné le petit Raoul. D'un air malicieux, il l'avait sorti de son pantalon : « Je vous en fais cadeau, ce sera plus commode. » À la fin de la récréation, au lieu de frapper dans ses mains, elle l'utilisait pour faire cesser le brouhaha coutumier de ses élèves qui feignaient de ne pas l'entendre les appeler. Où l'avait-il trouvé ? Elle s'en servira toute sa carrière avec, chaque fois, une pensée pour Raoul et ses camarades.

Pour elle, un si grand mal reste une énigme. Elle ne l'a ni imaginé ni empêché.

Qui va lui donner des nouvelles ? La directrice se cache quelque part en France, la gendarmerie ne sait rien, les Allemands ne lui diront rien, et elle ne connaît pas les familles. Beaucoup sont orphelins, elle le sait, et les rares lettres qu'ils recevaient étaient distribuées par Miron lui-même qui ne laissait à personne d'autre le soin de le faire.

Gabrielle est totalement déboussolée, son cas est sans doute sans précédent. Rien n'est prévu pour une maîtresse qui perd ses élèves. Sa classe entière disparaît, et on ne s'inquiète pas d'elle outre mesure. Aussi étrange que cela puisse paraître, elle est écartée de tout. À nouveau au chômage, comme à la rentrée dernière, elle se tourne vers sa hiérarchie. À sa demande, l'inspecteur primaire, celui-là même qui l'avait envoyée à Izieu, la reçoit très vite. L'entretien est bref.

– Qu'est-ce qui vous arrive ? lui demande-t-il tout à trac.

Un peu interloquée par la question de l'inspecteur qu'elle croit au courant, Gabrielle lui annonce l'arrestation des enfants.

– Estimez-vous heureuse de ne pas avoir été prise avec eux ! Je vais retéléphoner à l'académie pour voir si je trouve encore quelque chose pour vous.

Une fois de plus, M. Gonnet use de son influence et essaie de trouver une solution qui arrange tout le monde.

Une classe entière a disparu. Il n'est pas du ressort de l'Éducation nationale de s'en préoccuper. Au moins, aurait-elle pu attendre un mot de réconfort, ou un peu d'attention. Sans doute l'inspecteur, grâce à qui la classe a été créée, ne sait pas trop comment s'y prendre face au désarroi de la jeune institutrice. Il est vrai aussi que cette initiative s'est faite discrètement afin de ne pas alarmer ses supérieurs. Il vaut mieux ne pas ébruiter la rafle. Lui qui avait tant fait pour la nomination de Gabrielle ne tenait sans doute pas à ce qu'en haut lieu on enquête.

Pire, elle craint qu'on lui reproche de ne pas s'être manifestée tout de suite après la rafle. Enfermée chez elle, elle s'est sentie comme paralysée, trop tourneboulée pour réfléchir, et complètement démunie.

Toujours est-il que, sans transition, elle reprend le travail. Elle ira à l'école primaire de Saint-Benoît, au sud de Belley, à dix kilomètres d'Izieu, un village au bord du Rhône, à la frontière entre le Bugey et le Dauphiné. Nommée le 21 avril, elle y restera trois semaines. Là-bas, on lui dira simplement : « À Izieu, vous aviez des tables qu'on vous avait fournies. » Lui revient en mémoire

Miron à qui elle n'osait pas trop réclamer des craies, des cahiers, des crayons de couleur, des livres. Il n'était pas trop au courant de ce qu'il fallait pour une classe : « On n'est pas bien riches », lui répétait-il, en apportant au fur et à mesure ce qu'il trouvait. Un jour, elle avait cassé un bout de mur en plâtre pour faire des craies.

En juin, encore un nouveau poste, à Cerin-Marchamp, un village dans la montagne, à dix-sept kilomètres de Colomieu dont dix de rude côte, en passant par Saint-Germain-les-Paroisses, le village natal de sa mère. Elle y reste jusqu'aux vacances d'été. C'est son destin, comme celui de tant de jeunes fonctionnaires : aller là où on l'envoie, une sorte de « bouche-trou » à la disposition de l'académie, trimbalée d'un village à l'autre.

Dans quel état d'esprit est-elle ? On l'imagine. Effarée, choquée, seule face à ce drame, elle demeure dans une sorte d'état de sidération. Il lui faut reprendre le cours de sa vie, avancer de nouveau sur le même chemin, mais en elle tout est différent ; autour d'elle rien n'a changé. Parler de ce qui lui est arrivé l'aurait sans doute aidée. Ce n'est pas le cas, chacun vaque à ses occupations.

Impossible, au printemps 1944, de s'attarder sur son cas. « Il ne lui est rien arrivé » est la phrase qui revient sans cesse pour dire à quel point c'est miraculeux d'avoir échappé à cette rafle. Or, c'est justement l'inverse. Saine et sauve, elle l'est en apparence. Ce n'est pas tout à fait vrai, mais elle évite d'en parler. Sans doute pense-t-elle qu'elle en souffrira moins.

Que sont-ils devenus depuis qu'ils ont été embarqués ?

Où ont-ils été emmenés ? Vers quelle destination, ensuite ? Lyon, sans doute, mais après ? Personne n'est au courant. Le mystère entoure leur disparition. Ils vont aller dans des « camps », disent certains. À l'est ? Où se renseigner ? Auprès de qui ? À Belley, on ne sait pas grand-chose. La déportation des juifs ne préoccupe pas grand monde.

Fraternité, l'organe du mouvement national contre le racisme, dans son édition clandestine de mai 1944, raconte l'arrivée au fort Montluc de quarante enfants, « enfermés dans un baraquement spécial. Ils ont froid, ils ont faim, ils sont abandonnés. Quarante enfants sont condamnés à mort… Ce n'est pas, hélas, une formule littéraire, c'est l'expression d'une tragique vérité. C'est un officier allemand qui l'a formulée ». Gabrielle l'ignore, elle découvrira cet article quarante ans plus tard.

Au printemps 1944, à l'heure où les opérations de répression du maquis s'intensifient, chacun se terre chez soi et espère passer à travers les mailles du filet.

De temps à autre, on parle de la rafle. Les Perticoz, les premiers, ont été très marqués. Très attachés aux enfants, ils les voyaient tous les jours depuis presque un an. Ils leur manquent. D'autres personnes ont été écœurées par ce qu'elles ont vu. L'idée de s'en prendre à des enfants dégoûte. Du jamais-vu ! Alexandre Godani, 29 ans, qui travaille chez Ermann, une entreprise de travaux publics de Belley, rue Georges-Girerd, raconte qu'il a conduit son camion à benne Schneider avec la mitraillette derrière les oreilles jusqu'au fort Montluc à Lyon : « Un sale boulot. » Il les a laissés là-bas. Après ? Il ne sait pas.

Il y a aussi un petit garçon qui sera témoin malgré lui. Il s'appelle Henri Rampin, et c'est le futur maire d'Izieu. Tout tranquille, ce jeudi saint, il marche sur la route qui mène de chez lui au hameau La Bruyère. C'est une promenade qu'il aime. Il a 6 ans. Le soleil de printemps est agréable. Soudain, il entend des enfants chanter, prête l'oreille, et voit passer le convoi à toute allure. Des Allemands ? Il prend ses jambes à son cou, et il rentre chez lui à toute vitesse.

Ce qui est affreux, c'est de n'avoir rien pu faire, pense Henri Borgel, 24 ans, le fils du propriétaire de la confiserie, sincèrement triste. Le 6 avril, quand le convoi s'arrête à Brégnier-Cordon, il est chez lui, à deux cent cinquante mètres de l'usine. Les moteurs à gazogène des camions réquisitionnés à Belley ont besoin de charbon de bois pour faire la route. D'où l'arrêt. À la vue des soldats allemands stationnés dans la cour, il pense à une rafle pour le STO. Il se précipite à l'intérieur pour prévenir les jeunes comme lui, en âge de partir. Dissimulé dans le garage, il entend la discussion entre les employés et les civils qui accompagnent les Allemands.

Pendant qu'un ouvrier charge le charbon de bois, le jeune homme part rassurer sa mère juste à côté, prend sa bicyclette et roule le plus vite possible jusqu'à Glandieu, alerter le chef de la Résistance locale, M. Favre. Malheureusement, il ne sera rien tenté. Impossible de rassembler assez vite des hommes qui travaillent dans les vignes. C'est trop tard.

À Brégnier-Cordon, on est soulagés. Les Allemands ont relâché le petit Wucher pris dans la rafle, grâce à l'alerte donnée par une des employées de la confiserie. À l'arrivée du convoi, Geneviève Pichon, qui travaille dans les locaux du bas, sans fenêtre, entend des cris : « Les Allemands sont là avec les gosses d'Izieu. » Tout le monde, elle comprise, sort et voit les enfants qui « semblaient heureux parce qu'ils croyaient partir en promenade selon ce qu'ils disaient ». Soudain, elle aperçoit parmi eux, Michel, un gamin de 8 ans, qui crie en la voyant « Tatan ! ». C'est le fils d'André Wucher, mécanicien chauffeur à la scierie Candy de Murs, qui vit avec sa sœur Marcelle. Les soldats s'approchent d'elle, elle les entend lui poser des questions sans comprendre. Impossible de répondre, elle s'évanouit. Les employés sortis de l'atelier ont la présence d'esprit d'expliquer la situation. « Il est de chez nous. Ne l'emmenez pas ! » Devant les protestations, un des officiers ouvre la ridelle d'un des camions, et le petit garçon descend. Quand elle reprend connaissance, ils sont déjà loin. Ce ne sont pas quarante-cinq enfants qui partent, mais quarante-quatre.

À la gendarmerie, basée à Brégnier-Cordon, le maréchal des logis chef de gendarmerie, Marcel Fontaine, est bien embêté pour faire son rapport. Comment établir la liste des personnes raflées ? Plus personne sur place. Seul document, le cahier de délivrance des tickets d'alimentation conservé à la mairie. Les renseignements sont peu nombreux et des moniteurs sont déjà repartis, ou des enfants étaient présents sans tickets. Il fait une première liste, incomplète, et bourrée d'erreurs. Certains enfants étaient partis plus tôt, d'autres n'étaient pas inscrits.

Pourquoi la gendarmerie se prive-t-elle de l'aide de l'institutrice ? Par manque de temps ? Personne ne la cite. On ne pense pas à elle. Elle n'est pas présente sur les lieux ce jour-là, elle n'habite pas sur place, et le procès-verbal s'en tient aux faits. Ce ne serait pas bien difficile de l'interroger. Sans doute n'a-t-elle pas vidé encore la chambre qu'elle loue dans le village. Elle détient des informations puisque, depuis le mois d'octobre, elle n'a pas quitté la colonie, sauf les week-ends et les vacances. D'emblée, on l'écarte. Son nom n'apparaît nulle part. Sa présence auprès des enfants est effacée alors que désormais elle pensera à eux le restant de sa vie.

En tout état de cause, le gendarme conclut son rapport : « Aucune raison d'arrestation n'est connue, mais il est probable que la confession de Juif de la plupart d'entre eux en est à l'origine. »

Les Allemands exigent du receveur de la Poste de retenir le courrier adressé à la colonie et de le déposer à la gendarmerie et aussi de les aviser par téléphone du retour de la directrice. Alertée, Marie-Antoinette Cojean, secrétaire en chef de la sous-préfecture, proche de la colonie, s'empresse de faire prévenir Sabine Zlatin restée à Montpellier, *via* un télégramme confié à la Résistance locale, dirigée par M. Jean Sarraudie, industriel à Belley : « Famille malade. Maladie contagieuse. » C'est Mme Spitz, mère d'un petit garçon qui a séjourné trois semaines à la colonie et qui vit dans le même appartement que Mlle Cojean, qui apprendra plus tard à la directrice ce qui s'est passé.

Que dire de plus ? Tout le monde est triste. Au village, on a eu très peur. La plupart des habitants assistaient à la messe quand les Allemands sont venus prendre les enfants. Ils se souviennent du cri d'une personne entrant dans l'église : « Ils sont en train de prendre les enfants ! Ils sont en train de prendre les petits ! » Aussitôt, Germaine Borget, dont le frère travaille comme ouvrier agricole à Lélinaz avec Julien, enfourche sa bicyclette, et se rend à la colonie. Restent sur place des soldats en faction. Son frère est sain et sauf, il piochait dans les champs jusqu'à midi. De retour chez elle, elle prend la décision d'éloigner par sécurité les deux enfants juifs qu'elle garde : « Cette année-là, il faisait beau et on sortait déjà les bêtes dans les endroits où il y avait de l'herbe sèche. » Deux petits sauvés.

Pour ceux de la colonie, les villageois ne sont pas au courant, ils n'ont rien vu. Après ils sont restés calfeutrés chez eux, de peur que les Allemands ne s'en prennent au village. Pendant trois jours, les soldats ont pris pension chez les Perticoz, buvant, mangeant, et vidant les placards pour remplir leur camion de provisions avant de repartir à Lyon.

Au hameau de Lélinaz, c'est drame après drame. Une véritable série noire. Aimé, le fils d'Eusèbe, qui a épousé Juliette, le 11 mars 1944, soit moins d'un mois avant la rafle, a fait une chute à bicyclette. Emmené à l'hôpital, il meurt des suites de sa blessure au foie. Il a 25 ans. C'est le 17 avril. Tout le village est présent pour ses obsèques. On l'enterre dans le cimetière du village qui jouxte l'église. Onze jours après la rafle, Julien voit ses cheveux blanchir d'un seul coup.

Pudiquement, on parle d'une maison « dispersée », d'enfants partis pour une destination inconnue. Les disparus sont légion en temps de guerre. Les gens vont et viennent et, en quatre ans de guerre, on s'est habitué à ne pas poser trop de questions. On entend souvent dire à leur propos : « Ce n'étaient pas des gens du pays. On ne les connaît pas. » Ils étaient là par les hasards de la guerre, maintenant, ils n'y sont plus. « Allez savoir ! »

La vie reprend comme si de rien n'était. Pas d'annonce officielle, pas de trace dans les journaux. Et comme on ignore tout ou presque de ce qui se passe d'un canton à l'autre, rien d'étonnant que des courriers parviennent encore à la colonie après la rafle : un cultivateur de la région y réclame le paiement d'une livraison de pommes de terre.

À la veille de Noël 1944, le maire, M. Tissot, répond à une mère qui cherche des renseignements : « En réponse à votre lettre du 18 courant, j'ai l'honneur de vous faire connaître que les enfants de la colonie d'Izieu ont été emmenés en même temps que tout le personnel par les Allemands, le 6 avril 1944. Nous n'avons jamais su où ils avaient été conduits et nous n'avons jamais eu aucune nouvelle. »

Ordonnaz, automne 1944

Soudain, c'est l'automne : la vallée reste des jours entiers dans le brouillard, des coups de vent froid s'insinuent dans les maisons, l'air devient humide, et le ciel gris.

La fin de la guerre n'apporte pas la joie espérée, l'euphorie de la Libération passe vite. On déchante. Le bois et le charbon manquent. L'acheminement du ravitaillement est anarchique. Le marché noir sévit encore.

Partout justiciers et vengeurs sont à l'œuvre. Comme au plus beau temps de l'Occupation, les dénonciations affluent. On parle d'exécutions sommaires. À son habitude, Gabrielle, silencieuse, se tient à l'écart des discussions.

Court le bruit de la visite du général de Gaulle, alors président du Gouvernement provisoire, qui remet à la ville de Grenoble la Croix de la Libération. C'est le 5 novembre 1944. Il fait une halte de vingt minutes à Virieu-le-Grand pour rendre hommage aux maquis de l'Ain et du Jura. Pas un mot, pas une ligne sur la rafle d'Izieu. Qui s'intéresse à quarante-quatre enfants quand on déplore tant de morts dans les combats ?

Puis, l'ordre semble revenu. À la rentrée 1944, Gabrielle est nommée à Ordonnaz, à une vingtaine de kilomètres de Colomieu, un village pas plus grand qu'Izieu. Toujours à bicyclette, elle affrontera chaque semaine les douze kilomètres de côte, en passant par Contrevoz. Elle y restera jusqu'aux vacances de Noël. Dans ce nouveau poste, elle s'applique du mieux qu'elle peut, tient bien ses registres et essaie d'oublier.

Le pire, c'est l'absence de nouvelles. À qui pourrait-elle confier son chagrin quand autour d'elle on se réjouit de la fin de la guerre ? Il lui faut reprendre le cours de sa vie, là où elle s'est brisée et ne plus penser à ce qui est arrivé. Mais quand elle surveille ses élèves dans la cour de récréation, où filles et garçons jouent avec insouciance, elle ne peut pas s'empêcher de penser à ceux d'Izieu. Malgré elle, se superposent des images qu'elle ne peut pas chasser. Lui reviennent en mémoire par flash des scènes, des rires, des visages. Elle les revoit en train de chanter « Ça sent si bon la France », ou taper dans un ballon devant la terrasse.

Dans les journaux qu'elle lit, on parle un peu des « absents », les prisonniers de guerre d'abord, les déportés politiques, un peu, et presque pas des déportés raciaux. Les informations en provenance des camps de la mort parviennent jusque-là au compte-gouttes. « Incertitude », le mot est lâché, il est sur toutes les lèvres. On pense que les vieux sont dans des sortes d'hospices, les enfants avec leurs parents ou dispersés dans des campagnes, mais qu'on les retrouvera. En fait, on ne sait rien. Impossible de savoir, impossible de se renseigner. Alors, elle se tait, et le silence l'entoure de plus en plus.

Est-ce que les enfants vont revenir ? Pourquoi ne pas espérer ? Comment Gabrielle, pourrait-elle savoir où s'adresser ? Et à quel titre ? Des informations tronquées sur les camps de l'est commencent à apparaître dans les journaux. Il ne manque pas de gens bien intentionnés autour d'elle qui colportent de faux espoirs. À cette date, Auschwitz est à peine libéré, on croit au retour des déportés.

Belley. Mercredi 17 janvier 1945. 20 h 30. Il fait un froid glacial, le sol est gelé, et les congères rendent la circulation difficile, mais peu importe à Gabrielle, qui a bravé le mauvais temps pour venir. La salle des fêtes, place des Terreaux, est comble. Ce soir, on ne donne ni *La Symphonie fantastique* ni *Le Corbeau.* Ni une réception comme pour le récital de musique et de chant le 30 juin 1943 où le Tout-Belley se presse. À l'affiche, une conférence « sur les atrocités allemandes avec des échos des camps d'internés politiques ». Le prix de l'entrée est fixé à 15 francs. La soirée est organisée au profit des déportés politiques et de leurs familles, et accueillera, d'après l'affiche, M. P. Bezou, premier prix du Conservatoire de Lyon et son orchestre.

D'après le journaliste chargé de couvrir cette « grande première » pour Belley, le sujet de la conférence est « poignant, pathétique, hallucinant ». Dans une salle pleine à craquer « pendant deux heures, un long frisson d'épouvante courut dans l'auditoire ». Gabrielle n'a d'yeux que pour l'ancienne directrice de la colonie, à la tribune. Malgré le drame, elle semble toujours aussi déterminée. Ses yeux clairs sont toujours aussi perçants. Sa voix rocailleuse porte loin et, malgré son accent, elle sait se faire comprendre et entendre. À son côté, une dame du même âge à peu près, qu'elle ne connaît pas ; c'est Denise Mantoux « assistante sociale nationale de la Résistance », d'après l'affiche du programme. Aussi impressionnantes l'une que l'autre. Deux héroïnes auréolées de leur appartenance à la Résistance.

La salle les écoute respectueusement. Toutes deux témoignent de l'horreur des camps, et en particulier du sort de ceux qui lui sont chers : « Ces enfants sont partis, je ne sais pas moi-même si je les reverrai un jour. C'est plus qu'incertain. Je mentirais si je vous disais le contraire. Ils ont rejoint la grande famille des martyrs de la France comme les fusillés de Châteaubriand ou du Mont-Valérien. Quarante-trois petits de 4 à 13 ans sont partis en chantant *La Marseillaise* le jeudi saint 1944, le premier jour des vacances scolaires. »

Elle a tort sur un point. Les enfants ne chantaient pas *La Marseillaise* mais *Vous n'aurez pas l'Alsace et la Lorraine.*

Pour Gabrielle, cette conférence signe la fin de l'espérance. Le récit de la directrice ne laisse plus de doute. Les écoliers ont disparu. Elle ne peut plus croire à leur retour. Mais tout reste flou. Il y a des photos dans les journaux, plus horribles les unes que les autres, qui la choquent, des récits d'épouvante, des témoignages de survivants. De là à penser que les enfants d'Izieu ont péri dans des chambres à gaz ? Difficile à croire. Aucun détail ne lui est donné sur leur sort. Rien, juste la mort sans explication. Elle entend la directrice parler de Drancy, de convois, de chambres à gaz, de camps de la mort. Sauf qu'il n'y a pas de cérémonie, de faire-part de décès, encore moins d'enterrement, aucune annonce officielle à laquelle elle pourrait se raccrocher. Il n'y a que le néant. Aucune explication, rien sur le lieu où ils ont été emmenés, aucune date ni indication sur les conditions de leur disparition.

Les morts du maquis sont honorés, les prisonniers de guerre de retour sont accueillis avec joie, et les déportés politiques qui reviennent de Dachau ou de Buchenwald sont à l'honneur dans le département. Les juifs, ceux qui sont sains et saufs, sont repartis dès qu'ils ont pu à Lyon, Grenoble, ou Paris. Quant à ceux qui ont été raflés, comme les enfants, ils ne figurent nulle part.

Chacun pleure de son côté. La catastrophe est collective, mais chacun se retrouve seul avec ses propres cauchemars. Sans autre issue, l'institutrice garde sa peine, l'enfonce au plus profond d'elle, essayant de garder en mémoire les beaux souvenirs, la joie des enfants au goûter, leurs réflexions, leurs réactions.

Pourquoi gâcher la fête ? Place à l'avenir. Au cinéma, dans les journaux, dans les conversations, on parle de la bravoure face à l'occupant, et de l'ardeur au travail pour construire une société meilleure, il n'y a pas de place pour parler des disparus, et les « revenus » sont si peu nombreux qu'on ne les entend pas.

Neuf mois après la rafle, et cinq mois après la libération de Paris, les familles ne se manifestent toujours pas auprès d'elle. Et pour cause. Elles ignorent son existence. La plupart des parents ont été déportés, le plus souvent avant leurs enfants qu'ils croyaient en sécurité. Certains avaient hésité à s'en séparer, d'autres avaient compris que, là où on les emmenait, les enfants n'y survivraient pas. Seule une poignée de survivants est en train d'être rapatriée. Qui se soucie de prendre contact avec l'institutrice de leurs enfants, cousins, cousines, neveux, nièces, frères ou sœurs ?

Du courrier arrivait à la colonie. Qui leur écrivait ? C'est Miron et lui seul qui le distribuait, se souvenait-elle. C'était bien la preuve que certains enfants avaient encore leurs parents, un frère ou une sœur, des oncles, des tantes ou des cousins. S'ils racontaient dans leurs lettres leurs progrès en classe, aucun n'avait donné le nom de la maîtresse. Ils l'appelaient « Mademoiselle ». Le matin, ils venaient à sa rencontre et lui serraient la main. À la différence des autres écoles où elle avait été en poste, elle ne connaissait pas les parents et ignorait où ils habitaient. Personne ne rendait visite aux enfants, et *a fortiori* ne pouvait venir les chercher après les cours. Qui connaissait son existence ? Très peu de monde en vérité.

« Gardienne » de la mémoire des derniers instants des enfants, l'institutrice est cependant ignorée. Pendant cinq mois, elle les a fait travailler, a partagé leurs repas, félicités ou grondés, souvent encouragés. Elle a été leur seul lien avec l'extérieur. La vie de la colonie, elle l'a vécue en permanence, sauf le jeudi, en fin de semaine et pendant les vacances. Au quotidien, c'est l'endroit où elle passe le plus clair de son temps. Et le soir venu, elle dort à huit cents mètres de là. C'est une familière des lieux et de ceux qui y vivent. On néglige son rôle, on l'ôte de la scène.

C'est absurde, mais c'est ainsi. Les ponts sont coupés. Personne ne l'a souhaité, mais l'époque veut que tout soit désorganisé. Les moyens de communication manquent, les informations circulent mal. Pour le malheur des familles dispersées ou décimées par la guerre, rares sont les moyens d'avoir des nouvelles.

Pourquoi ne pas espérer encore leur retour ? À quelques kilomètres d'Izieu, à Lyon, Ita-Rosa Halaunbrenner croit encore au retour de ses fillettes, Claudine et Mina, 9 et 5 ans, qu'elle a confiées à l'OSE à la fin de l'année 1943 après la mort de son mari, fusillé sur ordre du chef de la Gestapo de Lyon, le SS-Obersturmführer Klaus Barbie, au fort Montluc. Son grand fils, Léon, arrêté en même temps, transféré de Montluc à Drancy, a été déporté à Auschwitz en décembre. La petite dernière, Monique, qui avait été placée dans une pouponnière à Saint-Cyr-au-Mont-d'Or, est revenue avec elle. La dernière fois qu'elle a eu des nouvelles de ses deux fillettes, elles semblaient aller bien. Elle était confiante, la fin de la guerre approchait. Depuis la Libération, elle ne sait plus rien. Ont-elles été cachées ailleurs ? Les a-t-on mises à l'abri chez des chrétiens sous une fausse identité ? Tôt ou tard, elles reviendraient, elle s'en persuadait. Ita-Rosa avait reçu une lettre de Mina inscrite au cours préparatoire dans la classe de la colonie. Elle semblait contente.

En réalité, Alexandre, son jeune fils tout juste 15 ans, resté avec elle, errant d'un hôtel à l'autre pendant les derniers mois de l'Occupation, a compris. Par hasard, il ouvre un numéro du journal *Combat*. On raconte que les quarante-quatre enfants d'Izieu ont été brûlés à Auschwitz. Il ne dit rien à sa mère, qui se rend tous les jours à la gare des Brotteaux où sont accueillis les déportés, guettant sur les quais leur arrivée ou questionnant tous ceux qui descendent du train.

Mais, les Halaunbrenner ne sont pas les seuls à attendre des nouvelles. Julius et Séraphine Halpern les parents du petit Georgy, font paraître des avis de recherche. Séraphine, soignée au sanatorium de l'Espérance à Hauteville, tout près d'Izieu, ne se résout pas à la disparition de son fils. Julius, lui, était incorporé dans un groupement de travailleurs étrangers. Ils avaient confié leur fils unique à l'OSE, qui l'avait envoyé à la maison d'enfants de Chaumont dans la Creuse, de là au château de Masgelier, toujours dans la Creuse, puis la maison de Campestre à Lodève (Hérault). Ensuite, il avait fait le voyage, *via* Montpellier, jusqu'à Izieu d'où il envoyait de jolies lettres à sa mère.

Qui sait ? Ne pourrait-il être vivant ? Tant qu'il n'y a pas de preuves du contraire, persiste l'espoir insensé de revoir les « absents ». Dans sa dernière lettre, datée du 26 mars, soit dix jours avant la rafle, Georgy leur raconte qu'il est en bonne santé et qu'il apprend plein de récitations, les tables de multiplication, des dictées et, suprême fierté, il est troisième sur huit. La réponse de Séraphine, toujours hospitalisée à Hauteville, arrive trop tard : « Le destinataire n'a pas pu être atteint », a noté le facteur sur l'enveloppe. La lettre est retournée à l'expéditeur.

Depuis, les parents de Georgy multiplient les courriers et les démarches. Ils écrivent à l'OSE, au ministère des Anciens combattants et des Victimes de guerre, à l'American Red Cross, au Central Committee of Liberated Jews, au Comité international de la Croix-Rouge, etc. Et toujours la même réponse, quand il y en a une… « Nous sommes désolés de vous faire savoir que toutes les recherches concernant votre enfant que nous avons faites à la suite de votre lettre du 25 avril sont restées sans succès… »

À deux heures de là, Gabrielle ignore tout de leurs démarches. Si elle l'avait su, elle aurait sans doute aimé leur dire quelques mots de consolation.

Belley, gendarmerie, septembre 1945

Les crimes de guerre méritent châtiment. Et la rafle d'Izieu en est un. Mais, force est de constater que trois ans après la rafle, il reste impuni. Dans Belley et les environs, beaucoup s'en émeuvent. Certains s'en fichent, d'autres sont mal à l'aise. Il y a comme partout de probables retournements de vestes de collaborateurs qui ont rallié la Résistance, et des hommes qui ont nagé entre deux eaux. Et d'authentiques héros.

À Paris, loin de Colomieu où habite toujours Gabrielle, l'ancienne directrice, Sabine Zlatin, chargée de l'accueil des déportés à l'hôtel Lutétia, ancien siège de l'Abwher, apprend de façon certaine, à la fin de l'été 1945, que personne ne reviendra, excepté Léa. 11 600 enfants juifs ont été déportés et ont péri dans les camps. Boulevard Raspail, dans le hall où débarquent les déportés en pyjama rayé sous les lustres de cristal de l'hôtel, elle avait affiché des photos de son mari, Miron, en costume cravate, et du jeune Arnold Hirsch en culottes de golf. C'était le copain d'un autre grand, Théo Reis, juif allemand aussi, dont les parents ont été déportés avant eux. Elle sait qu'ils sont partis par le convoi du 15 mai 1944 à destination de Kaunas, un camp en Lituanie. Depuis, aucune nouvelle. Quand le rapatriement touche à sa fin, elle sait désormais de façon certaine que tous ont péri.

Fin juillet 1945, la directrice, plus déterminée que jamais, obtient l'ouverture d'une enquête. La justice se met en marche. Il est temps, pensent certains, parce que les rumeurs vont bon train à Belley et dans les environs. Tout le monde en est sûr, quelqu'un a trahi. Les Allemands sont venus prendre les enfants parce qu'on les y a conduits. Vu l'endroit où la colonie était installée, en dehors du village, et si loin de la route, les Allemands n'y sont pas arrivés par hasard !

Il est de plus en plus question de la dénonciation de la colonie. Dépourvue de tout esprit de vengeance, elle n'aime guère cela. Ce genre de conversation la met sans doute mal à l'aise. Mais punir le coupable doit lui sembler dans l'ordre des choses.

Aucun contact ne s'établit entre l'ancienne directrice et son institutrice. La rafle les a coupées l'une de l'autre. Leurs chemins ne se sont plus croisés. Certes, dès qu'elle l'a pu, Mme Zlatin est retournée à la colonie récupérer ce qu'il restait. Quelques dessins, des lettres et des documents. Rien de plus. Sauf que Gabrielle n'est pas sur place pour la voir quand elle y revient. Personne ne la tient au courant du passage de l'ancienne directrice. Peu de gens savent ce qu'il est advenu des membres de la colonie. La secrétaire de la mairie d'Izieu, Mme Gugolz, ayant besoin de remplir des questionnaires, écrit le 24 mai à Sabine Zlatin, lui demandant le maximum de renseignements sur « les uns et les autres de vos malheureux pensionnaires ». Et elle ajoute : « J'espère que vous êtes actuellement en bonne santé, que vous avez des nouvelles de tous ceux qui vous sont chers et que, peut-être même, M. Zlatin est de retour auprès de vous. »

Lors de l'enquête de gendarmerie, Gabrielle n'est pas interrogée, mais elle n'ignore probablement pas que celle-ci est lancée. Il faut dire que depuis Paris l'ex-directrice de la colonie ne ménage pas sa peine pour que justice soit faite, et vite. Fin juillet, elle écrit au préfet de l'Ain pour lui signaler qu'un certain Lucien Bourdon, qui a quitté la région, accompagnait les Allemands le jour de la rafle, le désignant comme le suspect numéro un. Sa lettre est suivie d'effet puisque le préfet écrit aussitôt au commissaire du gouvernement à la cour de justice de Lyon demandant qu'un mandat d'arrêt soit délivré contre le dénonciateur.

1er septembre 1945. Raymond Billet et Jean Morel, deux gendarmes de Belley, à la demande d'enquête du bureau militaire départemental de l'Ain, cherchent des renseignements sur l'unité allemande qui était cantonnée en ville. Ils se rendent à la caserne Sibuet. Sans résultat : les archives ont brûlé. Léon Durand, coiffeur à Belley, 25 ans, sait, d'après ce qu'il a entendu, que les troupes cantonnées à Belley responsables de l'attaque du maquis dans le Valromey étaient composées de Tchèques, de Polonais et d'Italiens. Ce sont ces soldats qui sont allés à

Izieu, il en est certain. Quant au transporteur réquisitionné pour emmener les enfants et leurs moniteurs, Lucien Ermann, entrepreneur de travaux publics, il confirme aux gendarmes qu'il a reçu l'ordre de fournir un camion et un chauffeur à 7 heures, le 6 avril 1944. Ce qu'il a fait. Malheureusement ce chauffeur, Alexandre Godanni, n'a pas pu être entendu : il a trouvé la mort dans un accident de la circulation, au début du mois de janvier.

20 septembre 1945. C'est au tour du principal témoin d'être interrogé, Eusèbe Perticoz, le fermier voisin, sur « l'enlèvement par les troupes allemandes » de la colonie. Sa déposition est brève. Il ignore le nom de l'unité allemande. En revanche, il se souvient que deux des officiers disaient fréquenter le Café Neuf, place des Terreaux, à Belley. L'un était dans le civil un voyageur de commerce en étoffes, de Berlin, de forte corpulence, mesurant environ un mètre soixante-dix, le visage gros et rond, et rasé. Quant au chef du détachement, c'est un capitaine, d'après Eusèbe Perticoz, de petite taille, et mince. Le nom de Klaus Barbie n'est pas encore mentionné. En revanche, celui de Lucien Bourdon revient à plusieurs reprises.

Aussi étrange que cela puisse paraître, ni l'institutrice ni l'ouvrier agricole des Perticoz ne figurent sur la liste des témoins entendus par la gendarmerie et dont une partie est fournie par l'ancienne directrice. Pourquoi les écarter de l'enquête ? Est-ce volontaire ? Ou une simple négligence ? Ils ont en commun d'être modestes et jeunes. En 1945, Julien Favet a 26 ans, et Gabrielle 23. C'est le patron qui est interrogé, pas l'ouvrier. C'est la directrice qui est entendue, pas l'institutrice. Sauf que Julien assiste à la rafle : difficile de justifier qu'un témoin oculaire ne soit pas entendu.

Alors qu'elle a été leur maîtresse pendant cinq mois, Gabrielle n'est pas interrogée non plus par sa hiérarchie. Le ministère de l'Éducation nationale n'est pas saisi, personne ne s'en préoccupe apparemment. Cette colonie « ouverte à titre provisoire et pour la durée de la guerre » a été « évacuée ». Comme les enfants de la colonie n'ont pas été mélangés à ceux du village, ils ne sont pas « comptabilisés ». Tout est redevenu comme avant, le dossier est clos.

La colonie est « effacée » et le poste de Gabrielle, bien qu'officiel, est passé sous silence. Sans l'intervention du sous-préfet, M. Wiltzer, et sans la diligence de l'inspecteur primaire, M. Gonnet, soucieux de ne pas laisser des enfants en dehors de l'école, rien n'aurait été possible. L'inverse aurait été catastrophique. Leur aide a été décisive et, pour autant, ils ne figurent pas non plus parmi les témoins entendus lors de l'enquête. Personne ne pense à conserver la trace de ces quarante-quatre enfants et de leurs moniteurs. Ni à la suivre… Pour l'heure, personne ne veut plus évoquer la guerre. Par volonté d'oublier le cauchemar, pour laisser derrière soi les souffrances endurées. On préfère tirer un trait sur tout cela. Être en vie, voilà tout ce qui compte.

Ressasser le passé n'est pas de mise. « Parler des enfants ne les fera pas revenir », « C'est bien triste », « Quelle histoire ! », s'accorde-t-on à dire dans la région.

Qui écouterait une jeune institutrice qui, par pudeur, s'applique à rester invisible ? Ni victime elle-même ni parente de victime, elle n'a pas de statut. Or, sans le montrer, elle est affreusement meurtrie et désemparée, seule avec son chagrin. Elle ne s'ouvre à personne, reste murée, anesthésiée par l'horreur dont elle a été témoin. Comment raconter ce qu'elle ressent ? Dans le regard de ses proches, elle croit lire : « Tu as de la chance ! Tu n'as pas été prise. » Rien qui invite à se délivrer d'un fardeau trop lourd. Pire, elle s'entend dire : « Qui n'a pas eu ses malheurs pendant la guerre ? » Dévorée intérieurement, Gabrielle, en rien préparée à subir un tel choc, se replie sur elle-même.

Consciente de ne pas être une victime, c'est une jeune femme qui ne s'imagine pas raconter autour d'elle ce qui lui est arrivé. Ne pas importuner, ne pas gêner, lui dicte son éducation. Elle est convaincue que c'est mal venu, voire indécent, de se mettre en avant quand on est une institutrice qui n'a fait que son travail.

Puis c'est le temps de l'épuration. Les soupçons se portent sur le maire du village. On jase. Souvent visé, M. Henri Tissot. On ne sait pas ce qu'en pense Gabrielle, en dehors de ne pas l'avoir trouvé bavard, moyennement accueillant, mais jamais hostile ni malveillant. Au fond, il faut le comprendre, avancent ses défenseurs, cette colonie d'enfants, ce sont des frais en plus, des courriers à rédiger, des démarches en pagaille, des tickets de rationnement en plus à distribuer, bref du dérangement. Et, d'après ce que sait Gabrielle, la directrice était en froid avec lui, lui reprochant sa mauvaise volonté. Il n'avait pas été très correct avec Gabrielle concernant le logement qu'il aurait dû lui fournir. Mais de là à l'accuser, c'est injuste.

D'autres recommandent de regarder du côté de la confiserie, là où les camions se sont arrêtés pour faire le plein de gazogène. Pourquoi un des deux fils d'André Wucher a-t-il été relâché ? La rumeur court que son père l'aurait placé là-haut pour savoir ce qui s'y passait. Mais, au début du mois d'août, une Peugeot 402 avec deux hommes est venue chercher le père chez lui. Quand son cadavre est retrouvé dans un terrain vague, un mois plus tard, les langues se délient. Ce sont des maquisards qui l'auraient exécuté en représailles. Interrogés, les responsables du maquis se disent étrangers à cette exécution.

Mais, ensuite, l'été est revenu avec la Libération et la vie a repris sans plus se soucier de l'absence des enfants. Pour les pleurer, il faudrait les savoir morts. À la une des journaux ou dans les conversations, on parle des « absents ». Il est dit pudiquement qu'ils sont « portés disparus ». On évite d'utiliser des mots plus précis. Et puis, les semaines passent, puis les mois. Il n'y a pas de preuve matérielle.

Les oublier, ce serait terrible. Reste la question brûlante. Qui les a dénoncés ? Ils n'en démordent pas, et Julien Favet, l'ouvrier agricole, en est sûr aussi. Le « salaud » qui a dénoncé la colonie, c'est Lucien Bourdon.

Nuremberg, 18 janvier 1946

Tribunal de Nuremberg, le 18 janvier 1946. C'est au tour de l'accusation française. Edgar Faure, 38 ans, procureur général adjoint français au Tribunal militaire international de Nuremberg est à la barre. D'après Telford Taylor, procureur américain, c'est « un homme de belle prestance, affable, excellent juriste et orateur talentueux », qui a la tâche de la présentation de la preuve française. Arrivé dans une Simca grise, accompagné de sa femme Lucie, le jeune juriste lit à l'audience, parmi la masse de documents réunis pour apporter les preuves des actions criminelles commises par les nazis et de leur politique de déportation et d'extermination des juifs, le télex qui atteste de l'arrestation de la colonie d'Izieu, le 6 avril 1944. Il est envoyé par le commandant de la SIPO (police de sûreté) et du SD (service de sécurité) de Lyon, chargé de la répression de la Résistance et des affaires juives, à ses supérieurs à Paris pour confirmer le bon déroulement de l'opération.

« Ce matin, maison d'enfants juifs "Colonie d'enfants" à

Izieu (Ain) a été enlevée. 41 enfants au total, âgés de 3 à 13 ans, ont été capturés. En outre, a eu lieu l'arrestation de la totalité du personnel juif, soit 10 individus, dont 5 femmes. On n'a pu s'assurer ni de l'argent comptant ni des valeurs diverses. Le transport à Drancy aura lieu le 7.4.44. »

Le jeune avocat ajoute : « Je crois que l'on peut dire qu'il y a quelque chose qui est encore plus frappant et plus horrible que le fait concret de l'enlèvement de ces enfants ; c'est ce caractère administratif, le compte rendu qui en est fait selon la voie hiérarchique, la conférence où différents fonctionnaires s'en entretiennent tranquillement comme d'une des procédures normales de leur service ; c'est que tous les rouages d'un État, je parle de l'État nazi, sont mis en mouvement à une telle occasion, et pour un tel but. »

Le fait est qu'il ne prononce pas le nom de Klaus Barbie, le « bourreau ». S'il ne le mentionne pas, c'est parce qu'il est, à ses yeux, un sous-fifre. Il ne relate pas non plus la rafle, puisqu'elle n'est qu'un exemple de ce qu'il appelle la « manière froide » dont procèdent les nazis chargés de la Solution finale. Par malchance, ceux qui sont touchés par la tragédie d'Izieu ignorent ce nom et l'existence même de Klaus Barbie, et ceux qui l'évoquent ne connaissent ni les victimes ni leurs familles… Hallucinante concordance des événements dont personne n'est conscient.

Brégnier-Cordon, 7 avril 1946

Dimanche 20 janvier 1946. Les membres du gouvernement ont été prévenus la veille qu'un Conseil des ministres aura lieu le lendemain midi, non pas à Matignon, comme c'était jusque-là l'usage, mais dans la salle des armures du ministère de la Guerre, rue Saint-Dominique. De Gaulle arrive à midi, en uniforme, et fait part de sa décision. Il annonce sa démission.

À Belley, Gabrielle pense à tout autre chose. À ses élèves de la colonie. Et surtout à l'appel lancé par l'ancienne directrice, qui a mobilisé autour d'elle la presse, les anciens résistants, les élus, les commerçants, et tous ses amis. Sabine Zlatin « dont on ne sait ce qu'il faut le plus admirer en elle du courage, du dévouement ou du patriotisme qu'elle met au service de la France », dixit *Le Coq bugiste*, a fait part de son désir de perpétuer le souvenir de la colonie. « D'un seul élan, d'un seul cœur, vous souscrirez tous pour le Monument aux 49 martyrs d'Izieu ». Un comité a été mis sur pied et s'est réuni à la sous-préfecture. Toute la presse s'en fait l'écho et multiplie les appels pour atteindre la somme nécessaire. Sont prévus, grâce à la souscription, une plaque sur la maison et un monument en pierre à l'entrée de Brégnier-Cordon. D'aucuns s'interrogent sur l'emplacement choisi. On l'aurait volontiers imaginé sur la place d'Izieu. Mais la brouille entre l'ancienne directrice et le maire du village l'empêche.

La collecte est lancée par le comité du monument d'Izieu en vue de la cérémonie où « les gens de cœur feront avec les familles en deuil la première étape du calvaire douloureux ». On y lit, outre celui de l'ancienne directrice, les noms de M. Sarraudie, qui a hébergé Léon Reifman, de M. Lavoille, directeur du Collège Moderne où quatre garçons étaient scolarisés, du maire de Brégnier-Cordon, de Eusèbe Perticoz, le voisin, M. Gonnet, l'inspecteur, et bien d'autres personnalités. Gabrielle n'en fait pas partie et ne s'en plaint pas. Assurément, elle appartient à cette catégorie des gens dont la noblesse d'âme empêche de se manifester et se satisfont de joies simples. Au fond, parce qu'elle est ainsi faite, l'hommage rendu lui importe plus que le rôle qu'elle pourrait y jouer.

Un mois plus tard, dans le journal local, *Le Coq bugiste*, fer de lance de cette action, paraît la première liste des donateurs. En bonne place, parmi les plus généreux, Mme Zlatin, 5 000 francs, Mme Mantoux, 1 000 francs, le Parti communiste, l'école de Belley, les syndicats des ouvriers en marbre de Glandieu, les habitants des communes voisines, des industriels, des cultivateurs, des commerçants font des dons. On apprend que les jeunes écoliers et écolières, avec l'encouragement de leurs maîtres et maîtresses, ont fait de fructueuses collectes. On relève que les transporteurs assurant les services spéciaux pour la manifestation décident de verser l'intégralité de leur recette du dimanche suivant au comité du monument. Des dons arrivent de l'Hérault, là où, l'explique le journaliste, les « petits martyrs » ont séjourné avant de venir à Izieu. Gabrielle fait partie des tout premiers donateurs. 100 francs. C'est une coquette somme qu'elle a déboursée, au regard de ses ressources. La mobilisation est forte, ce qui la réconforte et l'impressionne durablement.

Six mois plus tard, le dimanche 7 avril 1946, la foule est au rendez-vous, l'appel de l'ancienne directrice a été entendu, relayé par la presse, l'heure est venue de rendre hommage aux disparus. Le temps est maussade, le soleil ne semble pas vouloir percer, la température assez douce, quoique l'ancienne directrice ait gardé son manteau et son écharpe. Gabrielle avance d'un pas hésitant en montant le chemin qui mène à la maison.

Les volets sont clos. Les mauvaises herbes ont poussé. Le potager, jadis cultivé par Miron, est à l'abandon. Partout, la désolation. Voilà deux ans que Gabrielle n'est pas revenue. Une sensation étrange la saisit. Dans la foule de ce jour-là, elle salue quelques têtes connues d'elle en se glissant loin des photographes, en évitant de se mettre au premier rang. Sans doute, aimerait-elle échanger quelques mots avec la directrice, trop entourée, à ce qu'elle voit, pour qu'elle ose la déranger. Parler avec les familles ? Malheureusement elle ne les connaît pas, et personne ne les lui présente. Un rendez-vous manqué. Il s'en serait fallu de peu pour que des retrouvailles aient lieu à ce moment-là.

Julius et Séraphine Halpern, les parents du petit Georgy, 8 ans, ont été invités par le sous-préfet : « Je comprends qu'il vous soit douloureux de vivre la tragédie qui vous a si cruellement frappés dans vos affections les plus chères, mais je pense que vous aimerez connaître les lieux où votre enfant vécut heureux et être témoin de l'hommage public rendu à la mémoire de tous ces petits. »

Que de monde ! Du jamais-vu dans ce hameau. C'est à la hauteur du choc ressenti par la population.

Des gens venus spécialement de Paris, des personnalités de tous bords, des anciens du maquis, des élus ceints de leurs écharpes se hâtent vers la maison. Un service de cars a été organisé dans la région. Une tribune drapée d'un drapeau bleu blanc rouge avec des micros et des haut-parleurs a été installée devant l'entrée. Des chaises ont été disposées çà et là. Les enfants des écoles sont déjà en place, les scouts de France aussi se pressent, certains sont montés dans la grange pour mieux voir. Des familles entières sont venues, d'assez loin parfois. Il y a des journalistes et des photographes. À 15 heures, commencent les discours, après l'arrivée du cortège ministériel salué par les accents de la fanfare de Belley, deux sections de tirailleurs de Bourg-en-Bresse rendent les honneurs. Laurent Casanova, ministre des Prisonniers, Déportés et Réfugiés, 40 ans, veuf de Danielle Casanova, résistante morte à Auschwitz, a fait le déplacement. Le révérend père Chaillet, qui participa au sauvetage de cent huit enfants juifs à Vénissieux près de Lyon, rend un vibrant hommage à leur mémoire. Le plus touchant, pour Gabrielle, ce sont les paroles prononcées par Gaston Lavoille, le directeur du collège de Belley où quatre adolescents juifs de la colonie ont été scolarisés. Avec ses cheveux poivre et sel et son nœud papillon, il a belle allure, et quand il brosse le portrait de ses élèves, il prononce les mots justes, ce que Gabrielle trouve admirable.

De Marcel, de Henri, de Max et de Maurice, le directeur du collège garde des images précises. Des enfants mûris avant l'âge, marqués par ce qu'ils avaient enduré, craintifs, talentueux et des projets plein la tête. Gabrielle aurait-elle su décrire ses élèves de la même manière ? À sa décharge, leur nombre, toujours élevé, changeait en permanence. Trente-huit élèves au moins.

Cela lui fait un drôle d'effet d'entendre le directeur du collège évoquer les deux petites, Claudine et Mina, qui étaient à la colonie. D'où les connaissait-il ? Elle ne se souvient pas l'avoir vu. Peut-être est-il venu un jour de congé ?

Pourquoi ne pas se manifester le jour de la cérémonie ? Aucune véritable explication. Il semble qu'on ne lui suggère pas de faire un discours parce qu'on ne l'imagine pas monter à la tribune. En 1946, c'est une jeune femme de 24 ans que l'on connaît à peine. Toute l'éducation des filles de l'époque inculque l'« oubli de soi » et l'obligation de « rester à sa place ». Pourtant, note le journaliste André Chatillon dans un compte rendu qui occupe la une du *Coq bugiste*, le 13 avril 1946 : « Il y avait ceux qui parlaient de ce qu'ils avaient connu et de ceux qu'ils avaient connus. » Le nom de Gabrielle Perrier n'apparaît nulle part en dehors de la liste des donateurs.

Prendre la parole est réservé aux hommes. À titre officiel au moins, on ne lui donne guère l'occasion d'évoquer le souvenir des enfants, alors qu'elle a vécu avec eux, a partagé leurs repas, les a instruits. D'ailleurs, dans son discours le directeur du collège n'a pas oublié de la dire « chérie de ses élèves », ce qui l'a évidemment touchée. Mais, anonyme, elle reste une silhouette. Une présence. Seul celui ou celle qui parle entre dans l'histoire.

L'Occupation a projeté la jeune institutrice dans un monde où les enfants juifs sont persécutés. Rien ne la destine à partager leur malheur. Aujourd'hui, elle les pleure. Dans les rangs de la foule, elle regarde dévoiler la plaque, un rectangle de pierre blanche, accroché sur la façade principale à droite de l'entrée.

Le 6 avril 1944, jour du Jeudi-Saint, 44 enfants de
la maison d'Izieu étaient arrêtés par les Allemands, avec
leurs maîtres, puis déportés le 15 avril 1944.
Quarante et un enfants et cinq de leurs maîtres furent
exterminés dans les chambres à gaz d'Ausschwitz.
Le directeur de la colonie et deux garçons furent
fusillés dans la forteresse de Revel.
[Suivent les noms des disparus sur trois colonnes.]
Que la défense et l'amour de ma patrie soient ma défense
devant toi Seigneur.

Le compte n'est pas exact. Personne ne le remarque. Il manque l'un des jeunes, Fritz Loebman, celui qui loge à Brens chez le principal suspect, Lucien Bourdon, cet « infâme salaud » qui aurait dénoncé la colonie. Et, détail qui fera couler beaucoup d'encre, aucune mention du fait que tous étaient juifs.

La presse ne la sollicite pas. Pourtant, plusieurs journalistes sont présents et l'un d'entre eux prend le temps d'interroger le témoin direct du drame, à savoir Eusèbe Perticoz, visiblement ému, en particulier à l'évocation d'un des enfants : « Le gâté de la colonie, c'était le plus petit : un blondin, qui n'avait plus de parents, et qui ne pouvait même pas dire où on l'avait pris, racontait : "Quand on m'a ramassé, j'étais tout grand. Mais les Boches m'ont donné un coup de pied derrière. Alors je suis devenu tout petit." »

D'après André Chatillon, ce journaliste du *Coq bugiste* qui recueille les propos d'Eusèbe Perticoz, encore tourneboulé par le souvenir de la rafle, il y a trois moments forts lors de cette cérémonie : « Le premier fut lorsque le petit Claude Spitz découvrit la plaque qui a été apposée sur la maison et qui porte le nom des victimes. Le deuxième lorsque les enfants des écoles chantèrent ce chant spécifiquement français *Vous n'aurez pas l'Alsace et la Lorraine* que les 43 gosses d'Izieu avaient choisi pour braver, au moment de leur départ, leurs persécuteurs. Le troisième lorsque le silence fut troué d'un long sanglot : un sanglot de femme, un sanglot de mère. Le sanglot de la maman d'un des 43 petits martyrs d'Izieu ? »

Mêlée à la foule, Gabrielle assiste ensuite à l'inauguration du monument par le président du Comité de soutien au maire de Brégnier-Cordon. À l'entrée du village, au carrefour de la nationale et de la route qui monte à Izieu, Gabrielle découvre la stèle dessinée par Sabine Zlatin elle-même et réalisée en pierre d'Hauteville. Il se trouve que le sculpteur, M. Chollon, a son atelier à Villebois où Gabrielle est alors en poste. Il l'a invitée à visiter son atelier et lui a expliqué qu'il s'est inspiré pour le monument du visage de ses propres enfants. C'est un obélisque avec un bas-relief où deux têtes d'enfants dans une étoile de David sont menacées par un poignard orné d'une svatika. On peut lire une strophe du poète anglais John Donne.

> Tout homme est un morceau de Continent
> Une part du Tout
> La mort de tout homme me diminue
> Parce que je fais partie du genre humain

L'assemblée chante *La Marseillaise*, les enfants des écoles déposent des bouquets de fleurs champêtres, puis la foule se disperse. Gabrielle rentre chez elle, seule, le cœur gros.

Lyon, cour de justice, 13 juin 1947

En 1947, Gabrielle a 25 ans et toujours son joli port de tête, la même silhouette gracile, son regard bleu pâle difficile à déchiffrer. Sur des photos prises à cette époque, on la voit, vêtue de robes serrées à la taille, les cheveux permanentés, entourée d'une bande de filles et de garçons de son âge, souriant à l'objectif. Sachant que les instituteurs et institutrices se rencontrent à l'occasion d'un bal, d'une excursion, d'une fête de l'école, d'un stage pédagogique, elle s'arrange pour y aller. On dit qu'il leur arrive de se marier entre eux. Elle est en âge de trouver un époux. Ses parents vont bien, et somme toute la vie renaît comme avant-guerre. Aucun incident ne semble marquer son existence. La tâche ne manque pas. Chacun travaille dur et pense à l'avenir. On ne veut plus se retourner sur le passé. Son frère Robert et sa jeune sœur Marie ne sont pas encore mariés, eux non plus, ils sont encore jeunes.

1947 est une année à marquer d'une pierre blanche pour Gabrielle. C'est celle de sa titularisation. Le 8 avril

1946, elle a obtenu son certificat d'aptitude pédagogique. Et, le 1er janvier 1947, elle est nommée institutrice titulaire adjointe à Villebois où elle restera jusqu'à la fin de l'année. C'est à une trentaine de kilomètres en passant par Brégnier-Cordon. Pour elle, c'est une bonne nouvelle dans la mesure où elle ne changera plus de classe en cours d'année. Pour autant, elle ne s'éloigne pas d'Izieu, ni géographiquement ni moralement. Une seule certitude, la colonie ne quitte pas ses pensées. Dans les vœux qu'elle donne à l'inspection d'académie, elle assure désirer rester dans le canton de Belley. Son poste à l'école primaire de Villebois, à trente-cinq kilomètres de Colomieu, lui convient.

Les trajets sont moins pénibles depuis qu'elle a remplacé sa bicyclette par une mobylette. Bientôt, en 1958, elle aura son permis de conduire et une 2 CV, ce qui sera encore plus confortable. Cela lui permettra de faire le trajet Colomieu-Ambléon, où elle aura été nommée chargée d'école, en trois fois moins de temps et sans avoir froid !

Elle ne se marie pas. Peut-être n'a-t-elle pas souhaité s'engager ? On a peine à croire que personne n'ait été sensible à cette jeune femme plaisante à regarder. Elle est coquette, choisit ses tenues avec attention, sort avec des amis pendant ses congés. On ne sait rien de ses sentiments intimes, d'abord parce qu'elle appartient à une génération où on ne parle pas d'amour, pas plus à la maison qu'à l'école, et rarement avec les amis même les plus proches. Quel est son jardin secret ? A-t-elle repoussé une demande ? A-t-elle délibérément choisi d'être célibataire ? Songe-t-elle à fonder une famille, maintenant que la guerre est terminée ?

Chacun retrouve ses soucis de la vie quotidienne, mais les blessures ne cicatrisent pas complètement. Des plaies restent ouvertes, des haines ne s'éteignent pas. Chez Gabrielle, aucun esprit de vengeance, mais aucune source d'apaisement. Rien ne la distrait de ses souvenirs. Elle pleure ses élèves. C'est une histoire enfouie au fond d'elle-même, gardée jalousement. Elle reste persuadée qu'on ne la comprendra pas. Il n'y a pas de jour sans qu'elle ne revoie ceux dont elle a partagé la vie durant cinq mois. Une ronde des enfants dans la cour de récréation, un exercice, ou une leçon la ramène sans cesse en arrière. Quand elle ouvre les placards qui regorgent de fournitures, elle se demande comment elle y arrivait sans presque rien.

L'ambiance de la colonie lui manque. Quand le printemps est revenu, elle a pensé aux cris de joie des enfants là-haut. Début mars, l'eau, qui avait gelé, coulait à nouveau dans la fontaine. Ils étaient retournés faire leur toilette dehors comme ils en avaient l'habitude : « L'eau est revenue, mademoiselle ! Si vous saviez ce que cela représente pour nous ! » Et dire qu'elle ne s'en était pas aperçue !

Quand, dans sa classe de Villebois, des enfants se disputent, elle ne peut pas s'empêcher de les comparer avec ceux qui ne sont plus là. Ils étaient comme frères et sœurs. Il n'y avait jamais de mouchardage, comme c'est si souvent le cas à l'école. Quand elle essayait de sévir ou de punir l'auteur d'une sottise, personne ne « rapportait ». « Je le sais, mais je ne le dirai pas », combien de fois a-t-elle entendu cette réflexion ? Le sentiment de solidarité qui les liait l'avait frappée.

La politique ne l'intéresse guère, ou du moins elle en parle rarement, mais sans doute a-t-elle le cœur qui penche à gauche. Ses collègues disent d'elle qu'elle est progressiste. Le 7 avril 1947, alors que le général de Gaulle prend la parole place de Broglie, à Strasbourg, pour annoncer la création du Rassemblement du peuple français (RPF), elle est encore plongée dans ses souvenirs. Voici qu'on s'approche du troisième anniversaire de la rafle. L'habitude est prise : d'abord recueillement devant la plaque posée sur la maison, puis autour du monument de Brégnier-Cordon. À l'évidence, aucun ministre, cette fois-ci, ne fait le déplacement, seule la presse locale rend compte de la cérémonie, bien plus brève que l'année précédente. Point d'oubli, moins d'éclat. Gabrielle bien sûr est présente, digne, silencieuse à son habitude. Elle se tient en retrait, cette fois encore. À peine quelques mots échangés avec l'ancienne directrice et quelques personnes de sa connaissance.

L'attention est tournée vers la nouvelle donnée par *Le Coq bugiste*, dont l'ancien propriétaire, Aimé Chaduc, imprimeur à Belley, camarade de Joseph Darnand au collège Lamartine, qui avait fui à Sigmaringen, a été condamné par contumace. « Encore un Français à la solde de l'Allemagne ! » disait-on. Le journal avait été réquisitionné à la Libération par le nouveau sous-préfet, Jean Cardot, qui avait ordonné à nouveau sa parution avec le sous-titre *Journal de la démocratie de l'Ain.* Sous la plume d'André Chatillon, l'arrestation à Montigny-lès-Metz de Lucien Bourdon, « l'infâme dénonciateur » de la colonie d'Izieu, figure en bonne place. Son indignation est à la hauteur de l'importance de l'événement : « Il a fallu plus d'un mois pour que la nouvelle ne parvienne à Belley. Inconcevable lenteur des services policiers ou judiciaires [...]. Il y avait pourtant belle lurette que le dossier complet de Lucien Bourdon était parti de notre ville où il avait été constitué à l'aide de témoignages accablants. C'est Lucien Bourdon (déposition formelle de M. Perticoz) qui accompagnait la Gestapo et les SS lorsque la colonie fut enlevée. Peu après, à Brens, où il habitait, il était déménagé par les soins des Boches, précautionneux. Bourdon est actuellement incarcéré à la prison de Metz. C'est, paraît-il, grâce au hasard qui fit qu'un habitant de Brens l'aperçut à Montigny que cette sinistre crapule put être repérée. »

L'instruction dure presque un an et, le 13 juin 1947, à 13 h 30, s'ouvre devant la cour de justice de Lyon le procès de Lucien Bourdon, « inculpé d'avoir entretenu des intelligences avec une puissance étrangère, l'Allemagne, ou avec ses agents, en vue de favoriser les entreprises de cette puissance contre la France ». Après son arrestation, il a été incarcéré à la prison Saint-Paul, à Lyon. Ce qui intéresse Gabrielle et l'ancienne directrice, comme tout un chacun, c'est le rôle exact de cet individu. A-t-il emmené les Allemands jusqu'à la colonie ? Sera-t-il puni ?

Qui est ce « mauvais Français » ? À lire la presse qui rend compte du procès, Gabrielle découvre un accusé « dont le visage antipathique, taillé à coups de serpe, ne refléta jamais la moindre émotion ». Il correspond à ce qu'elle a entendu dire de lui. Comme l'a noté l'inspecteur Volatier de la gendarmerie de Belley dans son PV de renseignement sur le nommé Bourdon, « au pays, tout le monde le considérait comme un espion, se méfiait de lui. À un certain moment même, la Résistance devait le supprimer [...] » Et il conclut : « Son attitude plus que douteuse, ses sentiments germanophiles, les visites fréquentes que lui faisaient les Allemands à son domicile, et surtout sa présence lors de l'enlèvement de la colonie, ainsi que son déménagement par le soin des Allemands, sont des preuves qui corroborent les soupçons qui pèsent sur lui. »

Cet homme, le « délateur d'Izieu », qu'elle a sans doute croisé à la colonie, venait régulièrement y livrer ses légumes. C'est la directrice qui avait sympathisé avec sa femme dans le car de Belley. Le couple, qui se disait d'Alsace-Lorraine, s'était installé à Brens, à cinq kilomètres de Belley, où il louait une ferme à un propriétaire de Chambéry, « avec deux vaches et trois moutons », au hameau de Furans. Ils avaient avec eux un enfant de l'Assistance publique.

En septembre 1943, Lucien Bourdon lance l'idée d'accueillir un jeune de la colonie, pour l'aider. La proposition est acceptée, la directrice lui envoie Fritz Loebmann, 15 ans, né à Manheim en Allemagne, sous la fausse identité de François Lauban. La consigne est donnée à l'adolescent de ne pas révéler qu'il est juif. Rapidement, l'arrangement s'avère une erreur, le jeune adolescent se plaint de mauvais traitements. L'enfant adopté du couple, d'après un voisin, recevrait lui aussi des coups.

À l'époque, Gabrielle ignore tout cela. Pour des raisons de sécurité, on la tient à l'écart. La question du ravitaillement, souci numéro un des Français à cette époque, lui échappe. Elle apprécie le matin le chocolat chaud et la confiture, qui, en ces temps de disette, sont rarissimes. La colonie le doit à la générosité de la confiserie, propriété de M. Billiemaz, maire et conseiller, qui, vendant des produits en pharmacie comme les phosphatines Fallières, est approvisionné en aliments quasi introuvables. Du potage, des légumes, un peu de viande, l'ordinaire est suffisant. Ce qu'elle n'aime pas plus que les enfants, c'est le plat de blé germé servi chaque semaine. Elle se force un peu, pour donner l'exemple. À sa table, Léa, qui sert à la louche, encourage les plus petits. Quel boucan dans le réfectoire ! Le bruit résonne encore dans ses oreilles. À ses yeux, ces repas, c'est grâce à Miron qui fait des « miracles ». Elle le voit, comme si c'était hier, montant la côte avec sa carriole pleine à ras bord et, tant qu'il fait beau, travailler dans le jardin potager où il ramasse avec les plus grands des fruits et des légumes. Jamais les assiettes ne sont vides.

L'audience est présidée par M. Teulat, et le commissaire du gouvernement, M. Thomas, commence par rappeler les faits.

Sur les bancs de la défense, deux avocats, Me Dutrievoz et Mlle Delannay, une jeune avocate d'origine lorraine. Dans le box, Lucien Bourdon et, attendant le moment de leur déposition, les témoins. « De très braves gens », d'après le journaliste, « des cultivateurs, des voisins, des connaissances ».

Peu de monde est au courant de la tenue de ce procès. Gabrielle, elle, n'est pas là. Elle n'est ni témoin ni victime. Son nom n'apparaît nulle part dans la procédure. Lyon est à au moins quatre heures de route de Belley, elle n'a aucune raison de s'y rendre. La directrice est venue de Paris, Léon Reifman de Montpellier. D'où des bancs à moitié vides dans la salle. Après la lecture de l'acte d'accusation ne viennent à la barre « que des témoins à charge ». « Mme Zlatin sera formelle en accusant Bourdon, continue le journaliste ; on sent en elle une émotion contenue d'abord et qui s'extériorise avec vigueur. » Gabrielle l'aurait décrite de la même manière. Autant Miron, son mari, était un homme doux, autant elle était autoritaire. Les cheveux blonds coupés court, le teint clair, les yeux bleu acier, d'allure un peu masculine, Sabine Zlatin avait quinze ans de plus que Gabrielle et, quand elle lui serrait la main, elle la regardait droit dans les yeux. Son uniforme gris bleu d'infirmière, qu'elle portait souvent, lui donnait un air encore plus impressionnant. Jamais Gabrielle n'avait vu une femme avec une telle poigne et qui menait son monde à la baguette. Tout le monde file droit quand elle est là. Elle veille à tout. C'est le petit Raoul qui l'avait fait remarquer à Gabrielle : « Ah ! Mme Zlatin, c'est quelqu'un cette femme-là ! » Pour autant, les enfants l'adoraient, même quand elle les grondait. Elle leur disait qu'ils devaient bien travailler avec Gabrielle, sinon, ils deviendraient des « ânes ».

Ensuite, c'est au tour de Léon Reifman, « plus calme », selon le compte rendu de la presse ; il est venu exprès de Montpellier où il a repris ses études de médecine. S'il a échappé à la rafle, c'est grâce à sa sœur, Suzanne, qui l'a prévenu de l'arrivée des Allemands, ce qui lui a permis de sauter par la fenêtre. Ce sont les Perticoz qui l'ont ensuite recueilli et qui l'ont aidé à fuir. Le dimanche, quand Gabrielle n'était pas là, le jeune François [Fritz Loebmann-François Lauban] revenait à la colonie et ne manquait pas de parler des visites fréquentes, à la ferme de Bourdon, d'Allemands dont il n'avait aucun mal à comprendre les propos. Et pour cause, cet adolescent né en Allemagne était arrivé en France au printemps 1940. La directrice l'avait mis en garde et avait exigé de lui la plus grande prudence. À aucun moment il ne devait avouer qu'il était juif. D'après Léon Reifman, Lucien Bourdon l'avait compris le jour où il avait déposé une demande de bons de chaussures pour le jeune garçon. La carte lui avait paru suspecte, et la véritable identité de François découverte. Qu'il ait été mal intentionné, Léon Reifman le pense, mais il reste prudent : « Pour lui aussi Bourdon est coupable mais, loyalement, il reconnaît que c'est une conviction qui ne s'appuie que sur une impression personnelle. »

« On ne l'aimait pas. Il était taciturne, renfermé », souligne le journaliste dans son compte rendu. Ses voisins l'accablent : « On aura l'impression très nette que dans l'esprit de ces hommes rudes quelque chose est demeuré : le heurt entre deux races. Bourdon, élevée en Lorraine annexée, a conservé une empreinte allemande. »

Tenir des propos pro-allemands, recevoir chez soi des officiers allemands, cela ne suffit pas pour le condamner. Le cœur du procès, c'est sa présence, et surtout son rôle, le jour de la rafle. Est-ce qu'il accompagne les Allemands contraint et forcé ou les a-t-il conduits de son plein gré ? D'après Eusèbe Perticoz, il semblait très à son aise et guère sous la menace des Allemands avec qui il était arrivé en voiture.

« L'interrogatoire serré, minutieux, tenace, n'apporta rien de nouveau ; aucune clarté n'en jaillira. Bourdon, homme frustre, fermé, ne se départira ni de sa version ni de son calme. D'un mouchoir qu'il renoue chaque fois avec précaution, il tire parfois quelques bribes de pain qu'il mange sans se cacher.

« Pourtant il avait fui l'invasion [allemande] ?… Pourtant il avait recueilli un enfant abandonné sur la route ?… Pourtant il ne dénoncera ni les réfractaires ni les Alsaciens-Lorrains ? Quel mobile l'aurait poussé à livrer de pauvres gosses aux bourreaux ? » André Chatillon est aussi perplexe que la cour.

L'accusé se dit innocent des faits qui lui sont reprochés. Non, il n'est pas à l'origine de l'arrestation des enfants de la colonie. Le jeune garçon qu'il hébergeait avait une fausse identité et quand les hommes de la Gestapo sont venus le chercher, et ont constaté son absence, ils l'ont obligé à les accompagner jusqu'à Izieu. Et si les militaires allemands avaient l'habitude de s'arrêter chez lui, à la nuit tombée, c'est parce qu'il leur servait d'interprète et les aidait à trouver leur route. Et ceux qui lui rendaient visite étaient, en réalité, des Alsaciens comme lui. Quant à son déménagement pour regagner l'Alsace-Lorraine, organisé par les Allemands juste après la rafle, qui réquisitionnèrent pour cela un camion et assurèrent le transport des meubles sous surveillance, il ne voit pas en quoi « cette obligeante attitude des bourreaux d'enfants » révélerait qu'« il y avait des services à rémunérer » comme l'exposé des faits le dit. Il l'avait obtenu « après force discussion ».

C'est au tour de l'avocat général, M. Thomas « (dont le jeune fils fut fusillé par les Allemands à Oullins) et qui compte parmi les magistrats ayant fait tomber le plus de têtes [...] : "Si vous avez la certitude de la culpabilité de Bourdon, condamnez-le à mort, si vous estimez au contraire qu'on n'a apporté aucune preuve suffisante contre lui, faites-le bénéficier du doute." »

Le dernier mot revient à l'accusé : « J'ai toujours été français, je le serai toujours et ne souhaite à personne le mal que j'ai enduré... »

Un long délibéré, et les jurés, des résistants, prononcent son acquittement, tout en le condamnant à l'indignité nationale à vie. Il est remis en liberté. C'est la consternation sur le banc des parties civiles. Le journaliste se fait l'écho du malaise à l'annonce de ce verdict. La condamnation est un compromis.

« Il ne nous appartient pas d'épiloguer ou de commenter conclut le journaliste : ces hommes, à coup sûr, n'ont reçu d'ordre que de leur conscience.

« Alors le crime sans nom de dénonciateur de la colonie d'Izieu restera impuni ? Alors ils ne seront jamais vengés ces enfants qui chantaient un air patriotique tandis qu'on les conduisait au supplice ?

« Et cependant la Gestapo devait bien savoir… Plusieurs de ses membres, parmi les plus influents, ont séjourné dans les prisons de Lyon avant d'être jugés et châtiés. Les a-t-on suffisamment interrogés sur les crimes commis dans l'Ain ? Peut-être qu'auprès d'eux, on aurait pu trouver un indice qui conduise à une piste irréfutable. Espérons que tôt ou tard le coupable sera découvert. Ainsi justice pourrait être faite de ce crime comptant parmi les plus monstrueux. Ainsi Bourdon dont nous voulons croire, s'il est vraiment innocent, qu'il a dû cruellement souffrir pendant ses quatorze mois de détention, serait définitivement réhabilité. Ainsi seulement…

« Autrement, dans vingt ans, et plus hélas ! encore, le doute, le doute qui a profité vendredi au Lorrain, risque de subsister dans l'esprit de nos populations malgré toute l'impartialité et la sérénité qui ont présidé aux débats de la cour de justice. »

Le coupable reste introuvable.

De Klaus Barbie, il n'est pas encore question.

Lyon, tribunal militaire, 25 novembre 1954

6 avril 1954. Dix ans après la rafle, rien n'a changé. Fidèle au rendez-vous, l'ancienne directrice fleurit la stèle accrochée à l'entrée de la maison. Le monument de Brégnier-Cordon l'est aussi les 11 novembre et le 14 juillet, la tragédie n'est pas oubliée. Pourtant, au-delà du cercle des villageois et des habitants des environs, peu de monde connaît ce crime. À Paris, le Parlement vote à l'unanimité la loi qui consacre le dernier dimanche d'avril « Journée nationale du Souvenir des victimes et héros de la déportation » au cours de laquelle la nation honore désormais la mémoire de tous les déportés sans distinction et rend hommage à leur sacrifice. Dernier dimanche d'avril, parce que c'est la date anniversaire de la libération de la plupart des camps, et aussi parce qu'il n'y a aucune autre fête religieuse ou célébration nationale à cette époque de l'année. À Ambléon, un petit village à dix kilomètres à l'ouest de Belley, au pied de la montagne du Tentanet, on inaugure un monument à la mémoire des combattants du maquis de l'Ain, en souvenir des FFI

qui, en juin 1944, avaient installé leur camp près du lac derrière un écran d'arbres touffus et qui ont affronté les troupes allemandes.

C'est précisément là que Gabrielle a été nommée chargée d'école à 32 ans. La guerre ne la quitte pas, elle ne quitte pas la guerre. Ambléon a été marqué par les combats de la Libération. On y voit encore les granges brûlées, les impacts de balle, des toits abîmés et des routes défoncées. À ses élèves, elle raconte comment les Allemands ont survolé le village, lâché leurs bombes sur le garage où un enfant a été blessé. Le 11 novembre, elle n'oublie jamais d'évoquer le défilé des maquisards à Oyonnax. En ce jour de commémoration de la Grande Guerre, en 1943, deux cents maquisards ont traversé le bourg et déposé une gerbe en forme de croix de Lorraine portant l'inscription « Les vainqueurs de demain à ceux de 14-18 ». Une mention bravache, doublée de la sonnerie aux morts. Puis, ils ont crié « Vive de Gaulle » et entonné *La Marseillaise*. L'apprenant à Londres, de Gaulle aurait versé une larme.

Rapidement, il arrive à Gabrielle de citer la rafle des enfants du village voisin, sans entrer dans les détails. Dix ans après la guerre, on parle peu de la « déportation raciale ». Il est question de Buchenwald plus que d'Auschwitz. On rend hommage à l'Armée des ombres, et on oublie parfois de mentionner sur certains monuments que les morts sont juifs.

Jamais elle ne franchit une ligne, celle qui, dans sa manière de raconter la rafle, la ferait passer pour un témoin important. Il n'y a pas dans son désir de raconter l'événement la moindre fausse gloire due à la proximité, mais le simple vœu qu'on n'oublie pas.

Son métier la passionne, et lui procure beaucoup de joie. Cette année 1954, en plus du programme, il lui faut appliquer la mesure décidée par le président du Conseil Pierre Mendès France. Effaré par la consommation d'alcool des Français, il a annoncé aux petits Français qu'il leur sera désormais offert quotidiennement, à l'école, un verre de lait et du sucre : « Buvez du lait ! » recommande-t-il, pour être « studieux, solides, forts et vigoureux ».

1954, c'est aussi l'année de mariage de sa sœur Marie avec Jules, cultivateur ; ils auront deux enfants. Trois ans auparavant, c'était son frère qui avait épousé Hélène : quatre enfants naîtront de cette union. En l'espace de sept ans, elle a six neveux et nièces ! Ils l'appellent affectueusement Tatan ou Tantine Gaby. Tous l'adorent et se précipitent chez elle, à Ambléon, à six kilomètres de Colomieu, dès que possible, parce qu'elle est la première dans la famille à acheter la télévision !

À chacun d'eux, avec patience, elle lit des histoires, ou des poèmes, apprend les fables, et fait réciter les leçons. Pour leur entrée en sixième, elle leur offre, à chacun sans exception, une journée à Fourvière, avec point de vue, montée en funiculaire, visite de la basilique, du musée gallo-romain… Les enfants en reviennent toujours avec des souvenirs. À l'occasion de leurs communions, leurs anniversaires, leurs fêtes, leurs succès scolaires, elle leur fait des cadeaux. Elle les gâte, leur cuisine ses fameuses pommes au four, jouant les « père Noël bien plus souvent qu'à Noël », et ils lui rendent bien son affection.

Au sens propre comme au sens figuré. Sa famille, c'est son refuge.

De la rafle, elle en parle à l'école, bien sûr. Et elle ne perd pas une occasion de raconter cette page d'histoire à ses neveux et nièces, en leur montrant un article de journal précieusement gardé et en les emmenant jusqu'à la maison d'Izieu – mais il faut rester en bas parce qu'en 1950 elle a été rachetée par M. et Mme Thibaudier.

Sept ans après le procès de Lucien Bourdon, qui a laissé un goût d'amertume, Klaus Barbie et Werner Knab, son supérieur à la Gestapo de Lyon, déjà jugés en 1952, sont toujours en fuite. Accusé d'« assassinats, de complicités d'assassinats et d'incendies volontaires, de pillages et séquestrations arbitraires », on reproche à Barbie en particulier neuf assassinats à Villard-Saint-Sauveur, d'avoir mis à sac Saint-Claude, Molinges et Viry, d'où trois cents Français ont été déportés. Il est condamné à mort par contumace, et son supérieur aux travaux forcés à perpétuité.

Deux ans plus tard, du 15 novembre au 25 novembre 1954, nouveau procès contre Klaus Barbie et Werner Knab. Toujours en fuite. Toujours condamnés par contumace. Leurs crimes se sont déroulés entre Lyon, Grenoble, Valence, Chambéry, Annemasse, Aix-les-Bains, Modane et le plateau des Glières.

Izieu ne figure pas dans la liste de leurs crimes. Personne n'y pense.

Munich, octobre 1971

Alors que la vie de Gabrielle semble réglée comme du papier à musique, la guerre refait surface avec son cortège de morts. Vingt-cinq ans après, si Gabrielle y pense toujours, plus personne ne lui parle plus de la rafle. Qui pourrait le faire ? Elle n'a aucun contact avec quiconque, pas de raison d'en avoir, et personne ne la recherche. Il n'y a pas de réunion des « anciens d'Izieu », aucune occasion de se retrouver, guère de relation entre ceux qui ont séjourné à la colonie. L'ancienne directrice fleurit la plaque de la maison avec des bégonias ou des pensées, les enfants des écoles déposent des fleurs aux pieds du monument à Brégnier-Cordon. Il n'est pas sûr que Gabrielle y assiste toujours, ce qui ne signifie pas qu'elle oublie ses « petits élèves » comme elle les appelle, bien au contraire. Qui pense à lui faire signe ?

En 1964, vingt ans après la rafle, Gabrielle, 44 ans, toujours en poste à Ambléon, demeure à l'affût de la moindre nouvelle, lit dans le journal local que « le souvenir n'est pas effacé dans les cœurs des habitants de l'Ain ». À son habitude, elle découpe l'article et le classe dans la chemise jaunie où elle conserve une copie du discours de M. Gaston Lavoille, le directeur du collège de Belley, et tous les articles parus au moment de la cérémonie d'avril 1946. En juin de la même année, on commémore les terribles affrontements des maquisards du Bugey contre des forces allemandes quatre fois plus nombreuses et, six mois plus tard, à Paris, les cendres de Jean Moulin seront transférées au Panthéon. Aucune déclaration officielle n'est prononcée en souvenir des enfants d'Izieu.

Tout bascule en octobre 1971 quand on commence à parler dans la presse d'un ancien criminel nazi, Klaus Barbie, qui aurait sévi à Lyon et dans les environs et qui coulerait des jours paisibles en Bolivie. Son nom ne lui dit rien la première fois qu'elle l'entend. Mais, on lui explique que l'ex-chef de la Gestapo de Lyon, tortionnaire de Jean Moulin, est responsable de la mort et de la déportation de milliers de résistants et de juifs. C'est encore vague pour Gabrielle, jusqu'au jour où elle découvre à la une du *Progrès de Lyon* la photo de Fortunée Benguigui, mère de trois enfants d'Izieu, elle-même rescapée d'Auschwitz, emmitouflée, sous la pluie, le visage ravagé par les larmes, assise sur les marches du palais de justice de Munich à côté d'une pancarte : « Je ferai la grève de la faim aussi longtemps que ne sera pas rouverte l'instruction contre Klaus Barbie, le bourreau de mes enfants. » Ses enfants, Gabrielle s'en souvient parfaitement, c'étaient trois frères unis comme les doigts de la main, et qui chouchoutaient leur petite sœur gardée au village.

Fantastique histoire que découvre Gabrielle à cette occasion, celle de Beate Klarsfeld, une jeune Allemande résolue à faire juger tous les criminels nazis en fuite. Aidée par son mari, Serge Klarsfeld, juif français, avocat à Paris, dont le père a été déporté, elle a réussi à retrouver la trace de l'ancien criminel nazi Klaus Barbie. Scandalisée quand elle découvre que le parquet de Munich s'apprête à classer son dossier sous prétexte qu'en 1944 Barbie ignorait la destination des juifs et des résistants qu'il arrête et envoie en déportation, elle se lance dans la bataille pour qu'il ne finisse pas sa vie sans être inquiété. Mais, déjà condamné à mort par contumace, Klaus Barbie ne peut être jugé que pour des faits nouveaux et des crimes contre l'humanité, imprescriptibles depuis 1964. Plongeant dans les archives de l'Occupation à Lyon, Serge Klarsfeld met au jour plusieurs documents l'impliquant et prend contact avec les familles des victimes pour qu'elles témoignent contre l'ancien chef de la Gestapo. Dans la liste des convois, il trouve les noms des deux fillettes, Claudine et Mina, et téléphone à Alexandre Halaunbrenner qui figure tout simplement dans l'annuaire. À son tour, il donne l'adresse de Fortunée Benguigui, qui habite à Paris, rue des Rosiers, et qu'il a retrouvée. Aux deux mères, Serge et Beate promettent de démasquer le bourreau de leurs enfants et de le faire juger pour son crime. La boucle est bouclée, ou presque, Gabrielle n'en fait pas encore partie.

Klaus Barbie est-il le Klaus Altmann qui vit à La Paz ?

Premier temps de la manœuvre, après enquête, Beate Klarsfeld prouve qu'il s'agit bien de la même personne. Mais la Bolivie refuse de l'extrader et, pour forcer la main du gouvernement, Beate Klarsfeld prend l'avion pour La Paz. Il paraît impossible que Gabrielle ne voie pas les images d'Ita-Rosa Halaunbrenner, 68 ans, mère de Claudine et Mina, deux autres élèves de Gabrielle, à 3 800 mètres d'altitude, enchaînée à un banc, fichu sur la tête cachant ses cheveux blancs, brandissant une pancarte, sur le Prado, la grande avenue de La Paz en face du bureau de Klaus Altmann-Barbie, réclamant justice et non la vengeance. Le paradoxe, c'est que Gabrielle a vécu avec ses petites filles les cinq derniers mois de leur existence, alors que leur mère en était séparée, les croyant à l'abri, et pleurant la mort de son mari et de son fils aîné.

Dans *Le Progrès de Lyon*, souvent sous la plume de Marcel Rivière, journaliste et ancien déporté, Gabrielle apprend la mobilisation des résistants lyonnais, dont Lucie Aubrac, et les efforts bientôt couronnés de succès du couple Klarsfeld qui bataille pour obtenir l'extradition de l'ancien criminel nazi. Sur ce, dans l'émission *Plein Écran* sur Antenne 2, un soir de février 1972, le journaliste Ladislas de Hoyos piège l'ancien chef de la Gestapo de Lyon. Il commence à s'adresser à « Altmann » en allemand et puis, tout à coup, au moment où il s'y attend le moins, il lui demande en français : « Vous n'êtes jamais allé à Lyon ? – Non, je n'y suis jamais allé », répond « Altmann » en français…

Pour tous les Français, il est d'abord celui qui a arrêté et torturé à mort Jean Moulin. L'émotion à Lyon et dans toute la région est à son comble. Au journal télévisé, le nom du village de l'Ain est cité à plusieurs reprises, et c'est pour Gabrielle une source d'étonnement. Ce qu'elle a vécu commence à être su au-delà des limites du département. Mais, elle ne voit pas quel rôle elle peut jouer et, par conséquent, ne se manifeste pas encore. Aucune trace d'un courrier ou d'une visite. De leur côté, les époux Klarsfeld ne l'ont pas encore repérée. Ils n'ont aucune chance de parvenir jusqu'à elle d'autant qu'ils ne sont pas en contact avec l'ancienne directrice quand ils tentent d'enlever Klaus Barbie – comme Eichmann dix ans plus tôt l'avait été par le Mossad. Il est probable que l'ancienne directrice, qui partage avec eux la même haine des nazis, n'est pas d'accord avec leur type d'action. Ou bien elle n'en voit pas l'intérêt. En est-elle restée au procès de 1947 qui n'avait pas abouti ? Qui sait. Elle n'ignore pas non plus qu'on lui reproche d'avoir trop tardé à disperser la colonie. A-t-elle envie qu'on dévoile cela au grand jour ? Il est de bonnes âmes pour pointer son manque de clairvoyance et son refus d'obtempérer aux consignes données par les organisations juives qui ont préconisé la dispersion des maisons d'enfants.

Gabrielle, elle, est très profondément touchée par la volonté de fer des mères des enfants qui jusqu'à leur dernier souffle veulent obtenir la condamnation de celui par qui le malheur est arrivé. Peu importe la méthode pour y parvenir.

Au fond, est-elle en droit de se dire, ce que j'ai traversé est une épreuve que la France est en train de découvrir. D'autres que moi le savent et se battent pour que le souvenir ne s'efface pas. Ce sont les premières heures de la reconnaissance de ce deuil qu'elle n'a jamais pu faire.

La guerre ne cesse de faire parler d'elle pendant ces années 1970. Si le gouvernement français demande « avec une extrême énergie » – selon les termes de M. Georges Pompidou – l'extradition de Bolivie de Klaus Barbie, on découvre que le chef milicien Paul Touvier, condamné à mort par contumace après la Libération, a été autorisé, par grâce présidentielle, à retourner sur les lieux de ses crimes et à recouvrer ses biens. Ce réveil de la mémoire et de l'histoire ne peut que troubler l'institutrice, qui avait cru le passé enterré. Sa tranquille existence est bousculée par tous ces gens qui parlent du malheur qu'elle a, à sa manière, subi.

Si l'actualité commence à braquer ses projecteurs sur les crimes oubliés de l'Occupation, son quotidien n'a pas changé. Certes, il y a bien longtemps que ses élèves n'ont plus, comme au temps de la colonie, un petit poêle pour se chauffer, mais deux magnifiques radiateurs qui fonctionnent à merveille. Fini le temps du papier carbone, c'est la ronéotypie et la photocopie qu'elle utilise pour les exercices qu'elle donne à faire. Finis les crayons à mine et les porte-plume, ses élèves se servent de stylos quatre couleurs et de feutres pour dessiner, les ardoises sont en plastique, et les cahiers ne manquent pas. Filles et garçons portent des blousons et des baskets, et elle ne repasse plus sa blouse grise qu'elle a troquée contre une jupe en Tergal et un haut coloré. Et sa 2 CV pour une R5 blanche. Au cours préparatoire, ses élèves n'apprennent plus *Choix de lectures* dans le Mironneau depuis longtemps, mais font leur apprentissage en suivant *Les Aventures de Daniel et Valérie* dans leur manuel de lecture. Son métier lui procure toujours autant de joie et de satisfaction et, chaque année, au moment de remplir sa fiche de vœux des écoles, elle confirme son choix, elle préfère rester dans le canton de Belley, près de sa famille, de ses amis et, par conséquent, à proximité d'Izieu.

En 1973, son état civil change. À 51 ans, elle épouse Marius Tardy, un ami de sa famille, qui a un an de moins qu'elle et qui est veuf depuis peu. De l'avis unanime de ses proches, c'est un homme sympathique, toujours d'humeur égale et de bonne compagnie. Originaire du Valromey, une vallée du Haut-Bugey, il travaille à la scierie Perrot, à Belley. Gabrielle a tout organisé pour leur mariage, célébré dans l'intimité. Après une messe dite le matin pour ses parents dans la petite église de Colomieu, la cérémonie a eu lieu à 17 h 30. À son habitude, elle est très élégante, extrêmement soignée, vêtue d'une robe en soie imprimée de motifs mauves et roses, sous un léger manteau crème, sac et chaussures assortis. Le lendemain, Gabrielle et Marius sont partis sur la Côte d'Azur, pour leur voyage de noces. Chaque été, par la suite, ils découvriront une autre destination, dont elle garde la liste complète : Arcachon en 1974, l'Alsace en 1976, la Bretagne en 1977, et Paris aussi, en décembre 1976. Toujours en voiture. À partir de 1981, ils partent à l'étranger, la Suisse, l'Italie, l'Autriche, etc., en car. Puis vient une nouvelle vague de voyages plus lointains, en avion cette fois, le Canada, le Maroc, l'Égypte ou les Baléares...

Jusqu'à la retraite de Gabrielle, ils ont habité à l'école de Tenay. Après ils emménagent dans un coquet appartement à Belley, au quatrième étage d'un immeuble moderne, Le Lucane, situé exactement au 46 rue Ozereau. C'est un quartier tranquille, avec des pavillons et, ce qui lui plaît, des commerces à proximité. Le deux-pièces, qui n'a pas de vis-à-vis, est baigné de soleil. De son balcon, elle voit le stade municipal et les coteaux verdoyants de la colline Sur-Melon tout autour, c'est une « campagne ouverte et délicieuse », comme l'avait écrite Gertrude Stein. Et, surtout, on y mange bien.

Lundi 19 décembre 1977. Salle de la mairie de Tenay, à vingt-huit kilomètres au nord-ouest de Belley, le long de l'Albarine, rivière au cours rapide dans une gorge encaissée du Jura, et couverte d'une multitude de petits ponts. Tenay est une ville spécialisée dans l'industrie de la schappe, celle du traitement des déchets de la soie, en activité jusqu'à la dernière guerre. Usines, logements, jardins ouvriers, « châteaux » du patronat, en bordure de la rivière, témoignent du passé industriel. En ce début d'année, malgré le froid, il y a beaucoup de monde dans la salle de la mairie : il y a le conseil municipal au complet, le personnel enseignant, les membres du bureau du Sou des écoles et bon nombre d'invités. Sur l'estrade, Gabrielle Tardy, vêtue d'un beau manteau beige, essuie furtivement une larme. C'est pour elle, cette fête organisée à l'occasion de son départ à la retraite après trente-sept ans de carrière. La voilà gâtée. Ses collègues lui offrent un magnifique fauteuil relax et une énorme gerbe de roses rouges. Cette fois-ci, elle est bien obligée de faire un discours. En quelques phrases, elle remercie tout le monde et affirme, d'après le journaliste qui rendra compte de la petite cérémonie dans *La Voix de l'Ain*, quitter Tenay après douze ans avec un brin de nostalgie : « Elle était très aimée de ses enfants et très estimée par les parents qui lui confiaient ces chers petits. »

Le mardi 20 décembre, Gabrielle note dans son agenda : « Dernier jour de classe. » Enfin, après une carrière irréprochable, elle va se reposer – quoique physiquement, elle n'a guère changé : toujours la même silhouette svelte, le même regard bienveillant et, à part ses cheveux coupés court qui grisonnent légèrement, elle est en bonne forme.

À Belley, Gabrielle, ravie d'avoir désormais du temps pour elle, s'est attachée à la décoration de son petit appartement. Elle aime y recevoir autour d'un bon repas ses nièces et ses neveux, sa famille, et bien sûr ses amis avec qui Marius et elle jouent à la belote, au Scrabble et au Jarnac ! Sa bibliothèque est remplie de romans et de livres, dont un bon nombre consacrés à la Seconde Guerre mondiale et au nazisme. Elle regarde tous les documentaires sur ce sujet à la télévision et empile les cassettes VHS les unes sur les autres. Dans le meuble de la salle à manger, elle garde les coupures de presse qui parlent de la traque de Klaus Barbie et sa boîte de souvenirs avec le sifflet de Raoul Bentitou.

Belley, immeuble Le Lucane, mars 1983

7 février 1983. 20 heures. Sur Antenne 2, Christine Ockrent, première femme à présenter le journal télévisé, annonce l'arrivée en France de Klaus Barbie, extradé de Bolivie, ancien chef de la Gestapo de Lyon. Comme des millions de Français, Gabrielle découvre à l'écran, sur la base militaire d'Orange, un homme de 70 ans, fatigué et hagard, qui descend d'un DC 8 en provenance de La Guyane. Il est immédiatement transféré à la prison du fort de Montluc, où les enfants d'Izieu ont été incarcérés, interrogés et d'où ils ont été transférés à Drancy. Là, Christian Riss, juge d'instruction au tribunal de grande instance de Lyon, qui instruit depuis février 1975 une nouvelle information pour des crimes qui n'ont pas été jugés par contumace en 1952 et en 1954, lui signifie son inculpation pour des crimes contre l'humanité non prescrits : le capitaine SS Klaus Barbie, chef de la section IV du SIPO-SD de Lyon de 1942 à 1944, se retrouve, quarante ans après, sur les lieux de son crime.

Comment ne pas réagir à l'arrestation de celui que l'on

accuse d'être responsable de la rafle du foyer d'enfants d'Izieu ? Gabrielle se sent au pied du mur. Il lui faut aider la justice à faire son travail. Ce qu'elle ne mesure pas au moment où Klaus Barbie est extradé en France, c'est à quel point elle met le doigt dans un engrenage. Du jour au lendemain, elle va sortir de son anonymat et prendre la place qui lui revient, celle d'un témoin de l'Histoire.

Une lettre, une simple lettre, qu'elle va adresser peu de temps après l'arrestation de Klaus Barbie à l'ancienne directrice changera la dernière partie de sa vie. Faute d'avoir son adresse à Paris, elle a choisi de lui adresser à Ceyzérieu où, dit-on, la directrice, qui vit à Paris, passe ses vacances. En 1948, Sabine Zlatin a acheté une maison en viager, et s'y est installée en 1960. C'est juste à côté de chez Gabrielle, à peine à une dizaine de kilomètres à la frontière du Bas-Bugey, précisément dans le hameau de La Pierre, célèbre pour son four banal à pain en parfait état. Pendant quarante ans, elles se sont vues lors des commémorations, mais l'ancienne directrice a-t-elle encore envie de parler de la rafle avec elle ? Que pensait-elle de Gabrielle au temps de la colonie ? Si elle pouvait être ferme, voire autoritaire, la plupart du temps elle lui montrait à quel point elle appréciait son travail. Depuis l'arrivée de Gabrielle, les enfants vont mieux, disait-elle, préoccupée par l'instruction des petits. Mais, un matin, à la sortie du réfectoire, elle l'a entendue dire de sa grosse voix bourrue : « Dites donc les enfants, il faudra vous lever un peu plus tôt le matin. À quelle heure vous arrivez en classe ? » Gabrielle, qui n'a jamais été matinale, se rend compte que la remarque lui est destinée. C'est gentil de la part de Mme Zlatin de ne pas la réprimander directement. Mieux encore, la directrice, sans qu'elle le lui demande, prend sa défense lors de la visite de l'inspecteur : « J'ai vu Mme Zlatin, elle m'a dit que vous aviez une classe difficile et que vous faisiez bien ce que vous pouviez. » Il n'empêche, quand la directrice est là, tout le monde file droit.

Quinze ans d'écart entre elles deux et, de par leur origine et leur caractère, elles sont à mille lieues l'une de l'autre. Tout ou presque les sépare. Que se diraient-elles ? C'était différent avec Miron, son mari, se souvient Gabrielle. C'était un homme doux que les enfants adoraient, et qui avait toujours un mot gentil pour elle quand il la voyait aux repas. Quelle avait été sa surprise quand elle l'avait croisé au marché à Belley ! Elle ne l'avait pas reconnu. Il faut dire qu'il était bien habillé, élégant dans son costume sombre, métamorphosé par rapport à l'homme à la carriole, aux sabots pleins de boue, qui circulait sur les routes alentour à la recherche du ravitaillement. Le pauvre, il faisait tout son possible pour lui trouver du matériel, des craies, du papier carbone ou de l'encre. Il lui répétait sans cesse sa phrase favorite avec un grand éclat de rire : « Nous ne sommes pas riches, mademoiselle ! »

L'arrestation de l'ancien chef de la Gestapo agit comme un véritable aiguillon pour Gabrielle, comme pour l'ensemble des Français. Dans l'opinion, on assiste à une prise de conscience de la réalité des années noires, qui s'accompagne d'un réveil de la mémoire de la déportation des juifs de France. Sur Antenne 2, en 1979, la diffusion de la série *Holocauste*, qui met en scène une famille allemande, de la montée du nazisme aux camps de concentration, suscite une vive émotion. Après le dernier épisode de la série, *Les Dossiers de l'écran* lancent le débat : comment décrire l'indescriptible réalité des atrocités nazies, comment dire l'indicible ? C'est impossible. Pourtant les déportés qui s'en sont sortis veulent désormais étaler à la face du monde, étonné et honteux, les horreurs sans nom dont ils ont été témoins. Ils clament haut et fort leur volonté que jamais ne s'efface de la mémoire collective le souvenir de millions de martyrs. De toute part, les journaux et les chaînes de télévision expliquent les crimes abominables commis contre les juifs et cherchent à rencontrer des survivants, ceux que le fameux « boucher de Lyon » a combattus avec toutes les ressources de la cruauté. Ces hommes et ces femmes rescapés de l'horreur concentrationnaire, désormais âgés, et que l'on questionne enfin, racontent aux nouvelles générations leurs souffrances, celles de leurs compagnons disparus, et mettent en accusation le bourreau. Rien de cela n'échappe à Gabrielle. Soudain, elle a le sentiment d'avoir vécu quelque chose de singulier. Elle ressent le besoin, sans doute comme une évidence, de livrer le récit de ce qu'elle a vécu et d'admettre que ce qu'elle a vécu doit être dit. Que se passe-t-il dans sa tête pour qu'elle prenne la décision de dévoiler, un peu, ses sentiments ? À son tour, il lui paraît possible de parler de ce qu'elle a vu et vécu : « Nous avons retrouvé la jeune institutrice qui à partir d'octobre 1943 jusqu'en février 1944 a enseigné aux quarante enfants de la colonie », annonce fièrement *Le Coq bugiste* avec la photo de Gabrielle à la une, le regard un peu perdu, la coiffure toujours sage, le front dégagé, et un sourire extraordinairement triste. Les mois et les années n'ont pas eu beaucoup de prise sur elle, comme si la rafle venait juste de se produire.

Ce que Gabrielle craint, c'est la réaction de la directrice à l'envoi de sa lettre. Va-t-elle considérer son témoignage comme étant sans intérêt ? À sa grande surprise, par retour du courrier, le 22 février 1983, l'ancienne directrice, manifestement émue, lui répond depuis Paris où elle habite, rue Campagne-Première, près de Montparnasse : « J'ai reçu aussi votre déclaration dans *Le Coq bugiste*. Quelqu'un de Ceyzérieu me l'a fait parvenir. Impossible de vous exprimer ce que je ressens depuis l'arrivée de Barbie en France, on dirait que le drame se passait hier. Et pourtant… » En lui disant qu'elle transmet sa lettre à son avocat, Me Roland Rappaport, elle invite Gabrielle à passer la voir dans sa maison de Ceyzérieu puisqu'elle y viendra en avril pour la commémoration d'Izieu. Jusque-là, elles ne s'étaient vues qu'en public. Leur véritable rencontre, pleine d'émotion, aura lieu le 7 avril 1983. Le contact est rétabli, il ne sera plus jamais coupé entre les deux femmes. Un véritable courant de sympathie va s'établir entre elles.

22 mars 1983, début d'après-midi, il fait encore froid, les sommets des montagnes sont enneigés, et il bruine

sur Belley. Aujourd'hui, elle a rangé mieux encore que d'habitude son appartement, tout est en ordre. Elle s'est bien habillée, a mis un peu de rouge à lèvres, et est allée chez le coiffeur pour être impeccable. Elle guette un coup de sonnette et regarde par la fenêtre, en soulevant le rideau, les voitures se garer en bas de chez elle.

On sonne à la porte. Il est 14 h 30. Deux hommes se présentent, deux gendarmes, qui prennent place dans son salon. L'un est venu de Lyon, l'autre de Belley. Le lieutenant-colonel François Lafforgue, chef de la section des recherches de la gendarmerie du Rhône, est venu interroger Gabrielle dans le cadre de l'enquête lancée par le juge d'instruction, Christian Riss, qui doit trouver des « faits nouveaux » pour inculper Klaus Barbie. Parmi ceux qui lui sont reprochés, à la lumière des documents allemands, et en particulier du télex qui rend compte de la rafle d'Izieu, il y a aussi la rafle de la rue Sainte-Catherine, le 9 février 1943, au siège de l'Union générale des Israélites de France, et la déportation de 650 personnes embarquées le 11 août 1944 vers les camps de la mort.

Le 24 février 1983, l'ancien SS-Hauptsturmführer Klaus Barbie, détenu à la prison Saint-Joseph, avait été entendu et, selon la presse, avait été surpris de voir l'affaire d'Izieu ajoutée à l'accusation, se disant uniquement chargé de la lutte contre les résistants et que, pour le reste, il avait au-dessus de lui des supérieurs. C'est sa défense, sachant que le juge d'instruction va écarter les « crimes de guerre » pour lesquels il a été condamné à mort par contumace en 1954. C'est pour crime contre l'humanité que Barbie sera jugé, ce qui n'est pas aussi facile. Il faut trouver des témoins et établir des faits précis.

L'instruction en est à ses débuts quand Gabrielle est citée comme témoin. Pour la première fois, elle est entendue. Le temps de leur offrir un café, et le moment de répondre aux questions de ces deux visiteurs est arrivé. Ils la mettent vite à l'aise. Elle leur confirme qu'elle était bien institutrice stagiaire à la colonie d'Izieu et reconnaît qu'elle doit la vie sauve aux vacances scolaires. Elle leur répète les faits tels qu'ils se sont produits – presque mot pour mot ce qu'elle dira à nouveau à l'audience. Elle a appris la rafle par une personne d'Izieu rencontrée au marché de Belley, l'après-midi du 6 avril, soit quelques heures après. On ne lui demande pas qui exactement l'a informée, elle reste vague, « quelqu'un de sa connaissance », utilisant une expression passe-partout que personne ne relève. Sait-elle son nom ou le cache-t-elle ? C'est sûrement une habitante du village qu'elle a déjà croisée à plusieurs reprises. Un petit signe de tête, quelques propos échangés à l'épicerie, ou à la boulangerie, rien de plus. Gabrielle n'est pas née à Izieu et cinq mois, c'est court pour sympathiser.

L'interrogatoire est bref, il tient en deux feuillets, les gendarmes ne s'attardent pas. En une demi-heure, ils ont fait le tour des questions. Elle n'a aucune idée du coupable de la dénonciation, évoque, d'après ce qu'on lui a dit par la suite, un « monsieur de Brens », confirme que la directrice était inquiète parce qu'elle avait entendu parler de rafles de juifs à Grenoble et à Chambéry. Il fallait disperser les enfants. Elle confirme aussi que les deux enfants Wucher avaient été acceptés à la colonie parce que leurs parents étaient en instance de divorce. L'un des deux, présent au moment de la rafle, avait été relâché, elle l'avait appris ensuite, tout comme l'exécution de leur père par les maquisards. Quant aux personnes qui travaillaient à la colonie, elle n'avait eu affaire qu'à la directrice, la doctoresse et Léa. Elle ignorait le nom des autres moniteurs. Et de conclure : « Il est vraisemblable que les vacances m'ont sauvé la vie car, si j'avais été présente, j'aurais éventuellement subi le même sort. »

En apposant sa signature sur le procès-verbal, elle accède au statut de témoin « officiel », comme si, jusqu'à présent, elle ne s'était pas sentie autorisée à en parler. La justice lui accorde un titre. Partie civile, elle ne l'est pas. Témoin, oui.

Izieu, dimanche 29 avril 1984

« Nous étions un petit village heureux et ne demandant qu'à le rester, et puis un jour, des êtres qui n'étaient plus des hommes sont venus nous éclabousser d'une tâche de sang et de honte », dit M. Henri Perret, maire d'Izieu, ceint de son écharpe, lors de la cérémonie du 40e anniversaire de la rafle, le dimanche 29 avril en début d'après-midi, avant celle du souvenir devant le monument départemental des déportés de Nantua en présence du député Charles Millon et de quatre cents personnes. Le lendemain, lundi 30 avril 1984, la cérémonie d'Izieu est à la une du *Dauphiné libéré* avec une grande photo du préfet de l'Ain, M. Philippe Loiseau et, à son côté, Sabine Zlatin. Celle-ci y a pris la parole pour évoquer « ces chers petits » et « ceux qui les protégeaient ». D'après le compte rendu, on ne manque pas de remarquer dans l'assistance nombreuse qui se presse devant la plaque de la maison et le monument de Brégnier-Cordon, députés, maires, conseillers généraux, présidents d'association d'anciens combattants, etc.

On joue *La Marseillaise*, les gerbes officielles sont déposées, les enfants des écoles apportent leurs bouquets, la fin de la cérémonie s'opère aux accents de *Vous n'aurez pas l'Alsace et la Lorraine*, cette fois encore.

Nulle mention de la présence de Gabrielle. Nulle part. Sauf qu'elle conserve l'article qui en rend compte le lendemain dans *Le Dauphiné libéré*. Sur la photo de la foule assemblée, prise de très loin, elle a fait une croix sur sa silhouette. Elle est de dos.

Depuis son interrogatoire, on ne l'a plus entendue. Elle n'a pas non plus été convoquée dans le cabinet du juge d'instruction à Lyon. Aucune nouvelle ne lui est donnée. La rumeur court que le procès n'aura jamais lieu. On est sûr que Barbie sera mort avant l'ouverture du procès. Il a 73 ans. L'arrivée dans le procès de l'avocat Jacques Vergès, ex-défenseur du FLN et du terroriste Georges Ibrahim Abdallah, brouille encore un peu plus les pistes. Adepte de la défense de rupture, selon ses propres termes, il devient volontiers accusateur. Quand l'armée et la police françaises ont combattu en Algérie, soutient l'avocat sulfureux, des « résistants », français ou algériens, ont disparu ou sont morts sous la torture. On dit que des scandales vont éclabousser des « personnages importants », la Résistance sera salie. À quoi bon revenir sur le passé ? Faut-il parler des traîtres qui ont aidé les Allemands ? Et de leurs complices. D'autres disent au contraire que le nazisme ne doit jamais être oublié et qu'il faut sans cesse se remémorer ce qui a eu lieu. À l'heure où sévit le révisionnisme, c'est encore plus nécessaire. Les débats font rage, les polémiques se multiplient. Tandis qu'Izieu est envahi de journalistes et de curieux : « Ils nous enquiquinent », disent certains derrière les volets clos.

De tous côtés, on se mobilise. À la demande de Serge Klarsfeld et des avocats des parties civiles, on s'efforce de retrouver des témoins et de rassembler des preuves. Les familles des pensionnaires sont contactées les unes après les autres, certaines aux États-Unis, d'autres au Canada ou en Australie. Grâce à une annonce passée dans *Midi Libre* par Paul Niedermann, qui se souvenait qu'elle vivait dans le sud de la France, Paulette Pallarès, devenue Paulette Roche, monitrice pendant l'été 1943 avec sa sœur Renée, se manifeste. Elle téléphone au journal et on apprend alors qu'elle possède des photos, qui sont devenues des documents indispensables pour identifier les enfants de la colonie. Quand elle était rentrée à Montpellier, elle avait pris avec elle une petite fille de 2 ans, Diane Popovski, dont les parents avaient été déportés depuis le camp d'Agde. La petite a eu la vie sauve et vit à Montréal. D'autres, comme Henry Alexander, qui avait séjourné à la colonie avant la rafle, parti aux États-Unis, est contacté lui aussi. La liste des témoins s'allonge peu à peu.

Décembre 1984, Serge Klarsfeld, qui ne lâche pas l'enquête, fait paraître un ouvrage, format A4, avec une couverture qui ressemble à une page d'un cahier d'écolier. Même couverture, même marge, mêmes carreaux. Il y reproduit une quantité incroyable de documents poignants – des extraits de lettres envoyées par les enfants à leurs parents, leurs dessins, leurs photos, leur état civil complet : il a pu rétablir l'orthographe de leurs noms ou leur âge exact. Vingt-trois étaient apatrides, vingt et un étaient français. Et, surtout, l'avocat déniche enfin l'original du télex envoyé par Barbie au service antijuif de la Gestapo à Paris pour annoncer la liquidation du foyer d'enfants juifs d'Izieu.

Tout va s'accélérer. L'instruction commencée en 1983 est terminée, et le dossier, de six cents pages, transmis au parquet. L'accusation qui n'avait retenu dans un premier temps que les crimes contre l'humanité commis contre les juifs s'élargira avec l'arrêt de la Cour de cassation du 20 décembre 1985. En septembre 1985, Gabrielle transmet à Roland Rappaport, l'avocat de la directrice de la colonie, les documents qu'elle possède. Il est question qu'elle témoigne à l'audience. En tout cas, elle veut y assister. De sa propre initiative, elle écrit au procureur général de la République à Lyon pour demander l'autorisation d'assister à quelques audiences du procès, justifiant sa démarche par le fait qu'elle a été institutrice à Izieu et qu'elle a partagé pendant six mois la vie de ces enfants.

Coup de théâtre. Sous le titre « Ce que Barbie a dit au juge d'instruction », *Le Progrès de Lyon* publie dans ses éditions du 19 décembre 1985 des extraits d'interrogatoires de l'ancien SS inculpé de crimes contre l'humanité. Barbie déclare n'avoir « aucun souvenir » de la rafle. Mais malgré tout, la justice suit son cours et, enfin, le 18 mars

1987, on annonce que le procès aura bien lieu à Lyon en mai de la même année. En réponse à sa demande d'assister aux audiences du procès qu'elle avait envoyée deux ans auparavant, il lui est répondu par la négative : « Compte tenu du nombre de places réservées en priorité aux parties civiles, témoins et journalistes, il n'est pas possible de délivrer de laissez-passer pour suivre tout le procès. » On imagine sans peine sa déception.

Mais, le 22 avril 1987, l'institutrice reçoit une « citation directe à témoin ». Au moins, elle ira une fois au palais de justice. L'heure est venue. Il n'est plus question de se rétracter.

Elle le confiera bien plus tard à ses proches : « J'aspirais à une retraite paisible et bien anonyme… mais la vie est ainsi faite. J'avais un peu l'impression d'être une célébrité. » Et d'ajouter : « C'est vraiment là qu'il m'a fallu du courage pour affronter les journalistes. »

Lyon, palais de justice, 27 mai 1987

Ce mercredi 27 mai 1987 est une journée ensoleillée et presque chaude à Lyon. Gabrielle, confortablement installée dans la voiture de sa nièce, ne dit pas un mot. C'est le jour de sa déposition, et si elle s'est préparée à ce moment, Gabrielle, appréhende plus que jamais de parler en public et, qui plus est, devant un tribunal. L'idée d'apporter son témoignage pour connaître enfin la vérité sur cette tragédie l'a poussée à venir. Le procès de l'ancien chef de la Gestapo s'est ouvert à la cour d'assises de Lyon, sous haute surveillance, le 11 mai, et fait la une de tous les journaux, en France comme à l'étranger.

Elle a été très touchée que sa nièce lui propose de l'accompagner. Depuis son retour de Rome, où elle a passé trois jours avec Marius pour le week-end du 8 mai, elle n'a pas cessé un instant d'y penser. Ce matin, en attendant sa nièce, elle a préparé ses papiers, s'est assurée de ne rien avoir oublié, sa convocation, sa carte d'identité, ses papiers. Elle porte une jupe et un léger gilet gris perle avec un chemisier blanc à pois noirs sous sa veste, des chaussures plates. Le grand jour est arrivé.

Il y a tout de même presque quatre-vingt-dix kilomètres entre Belley et Lyon et, plus difficile encore, il faut circuler en ville et se garer, ce qui n'est pas une mince affaire dans une cité sous haute tension. Une autre de ses nièces, qui habite Lyon près de la place des Brotteaux, les attendra et les guidera. Il y a des rues barrées, des interdictions de stationner aux alentours du Palais, c'est impossible de s'y retrouver si on ne connaît pas bien.

Arrivées sans encombre à Lyon, Gabrielle et ses deux nièces se sont d'abord rendues à l'hôtel de la Résidence, malgré le périmètre de sécurité, rue Victor-Hugo, à deux pas de la place Bellecour dans la presqu'île où l'ancienne directrice est logée. Les hôtels de la ville ont été pris d'assaut, les journalistes et les photographes jouent des coudes, les cafés et les restaurants sont bondés. *La Tour rose*, un des meilleurs établissements de la ville, a prévu chaque jour un menu spécial servi à partir de 11 heures pour permettre aux journalistes, aux avocats et aux personnalités de se restaurer avant le début des audiences à 13 heures. Cent dix parties civiles, quarante avocats, cent sept témoins attendus, d'Élie Wiesel à Geneviève de Gaulle, de Raymond Aubrac à Jacques Chaban-Delmas.

Le petit groupe tente de se frayer un chemin dans la foule massée place du Palais-de-Justice encombrée de voitures officielles, camions de CRS, de télévision. On est venu du monde entier. Trente bungalows ont été installés au pied du palais de justice. Quai Romain-Rolland, de l'autre côté de la Saône, stationnent en file indienne les camions de télévision. Les parties civiles et leurs avocats se retrouvent rue Saint-Jean à la maison des avocats où ils peuvent envoyer des télex, passer ou recevoir des coups de fil, et donner des conférences de presse. Autre lieu de rencontre, des locaux destinés à la communauté juive où les témoins sont accueillis, guidés et accompagnés.

Tant de gens qui s'interpellent bruyamment ! En jouant un peu des coudes, Gabrielle parvient jusqu'aux marches du palais Saint-Jean qu'elle reconnaît avec ses épaisses colonnes et sa silhouette de théâtre antique le long de la Saône. Derrière les barrières de protection gardées par des CRS se bouscule le public lyonnais. Chaque jour, cinquante personnes peuvent assister aux audiences sur les bancs réservés au public. Beaucoup de jeunes dont les grands-parents ont été résistants, des lycéens par classes entières emmenées par leur professeur d'histoire, des étudiants venus par curiosité, des familles des victimes, des badauds aussi. Des dizaines de personnes âgées, parties civiles et proches des victimes de Klaus Barbie, ne disent mot. Ou chuchotent entre elles. Au premier étage du palais de justice, une antenne du SAMU a été installée – pour les témoins qui se sont déplacés et qui ont pour la plupart entre 70 et 80 ans. Ceux qui ont été torturés par Barbie, ceux qui ont vu partir leurs parents vers la mort.

Pour rentrer, il faut montrer patte blanche. Sans accréditation, aucune chance. Journalistes du monde entier, parties civiles, avocats, magistrats, invités, experts, représentants de l'Allemagne ou d'Israël font la queue, badges accrochés ou lettres d'accréditation à la main. Près de huit cents personnes sont attendues chaque jour.

En avançant, Gabrielle découvre sur les marches du palais quarante-quatre bouquets de roses qui ont été déposés en hommage aux enfants d'Izieu. Les fleurs sont enveloppées dans du papier cristal, et nouées avec un ruban jaune. À quelques centaines de mètres, sur la place des Terreaux, en face de l'hôtel de ville, a été dressé un mémorial dont tout le monde parle. Elle ne l'a pas encore visité, mais elle a vu aux actualités ce cube de toile blanche de vingt-cinq mètres de côté, soutenu par une armature métallique, avec ces seuls mots au fronton : « N'oublie pas. » Le 11 mai précédent, les élus de la région, MM. Raymond Barre, Michel Noir, Jean Poperen et le maire de Lyon, Francisque Collomb, ont été les premiers à pénétrer dans la galerie où sont exposées des photos d'enfants derrière des barbelés et de corps amoncelés à la sortie des chambres à gaz. Sans légendes. Quarante-quatre écoliers d'une école juive de Lyon ont participé à l'inauguration. Il y a aussi une salle de recueillement où sont inscrits les noms des camps et le nombre de victimes.

La veille de l'ouverture du procès, les avocats des parties civiles, dont Serge Klarsfeld, et Roland Rappaport, l'avocat de la colonie, sont partis à 10 h 30 de la gare des Brotteaux en bus, se sont rendus à la prison de Montluc, puis ont pris la direction d'Izieu. Ensuite, ils se sont recueillis devant le monument aux Anciens Combattants des maquis de l'Ain.

Au pied des marches, une pancarte, et deux policiers qui montent la garde. Avocats, témoins, officiels et invités doivent entrer par le 2 rue Bombarde, une petite rue qui longe le côté du bâtiment. Gabrielle et une de ses nièces, qui a pu entrer grâce à Sabine Zlatin, passent les contrôles sans souci.

Dès l'entrée, Gabrielle est saisie par la taille de la salle d'audience. La loi exige un procès à Lyon, lieu du crime, mais le palais de justice n'est pas adapté à la circonstance. Un million de francs a été dépensé pour aménager en salle d'audience exceptionnelle et provisoire le hall du palais de justice. Dans la grande salle, démesurément grande, inondée de lumière par trois verrières, où pénètre Gabrielle avec les parties civiles et les autres témoins, elle remarque les encorbellements en stuc mélangés avec des structures métalliques et des panneaux blancs qui donnent l'impression d'un immense théâtre. Les colonnes corinthiennes, en marbre de Carrare, éclairées *a giorno* par d'énormes projecteurs donnent une lumière crue à l'ensemble.

Les participants prennent peu à peu place dans un brouhaha incroyable. Les invités se pressent pour monter dans la mezzanine, les parties civiles, elles, bénéficient de places numérotées. Les chroniqueurs judiciaires sortent leur carnet et leur stylo. Les magnétophones sont interdits, mais, pour la première fois, le procès est filmé par quatre caméras de télévision, uniquement « pour la constitution d'archives historiques de la justice », selon la loi du 11 juillet 1985 votée sur proposition de Robert Badinter, alors garde des Sceaux. Les dessinateurs d'audience, avec leur bloc de papier et leur matériel, rejoignent leur siège.

C'est déjà la troisième semaine du procès, une certaine routine s'est installée. On a même dit qu'il s'enlisait, jusqu'au moment où le procureur général, Pierre Truche, a fait une déclaration qui a réveillé l'intérêt : « Il faudra aujourd'hui ou un jour prochain faire venir de force Klaus Barbie pour qu'il soit confronté à plusieurs témoins. » La veille, le mardi 26 mai, pendant vingt-trois minutes, le « boucher de Lyon » est donc revenu en fin d'après-midi dans la salle d'audience et a été confronté à cinq témoins qui l'ont formellement reconnu. Lui s'est contenté de répondre qu'il n'avait rien à dire.

Gabrielle retrouve, au troisième ou au quatrième rang, Sabine Zlatin, robe noire et chemisier blanc, les cheveux toujours court et un collier de perles blanches pour tout bijou. Tant d'années se sont écoulées depuis la colonie, se dit Gabrielle, mais le visage de « la patronne » n'a pas beaucoup changé. Elle a toujours ce regard grave, qui inspire le respect, et une carrure qui en impose, cette allure d'infirmière militaire, sa détermination intacte. Aujourd'hui, ce sont les témoins directs de la rafle, Léon Reifman, Léa Feldblum, Julien Favet et les deux frères Wucher, les enfants de la confiserie, qui doivent être entendus. Tous ont vieilli, comme elle, se dit Gabrielle.

Léa a le front barré par des rides, Léon Reifman, le jeune étudiant en médecine d'alors, est un vieux monsieur presque chauve, Julien Favet est voûté, le dos cassé, toujours coiffé de son large béret noir, des lunettes et un gros pull-over, malgré le temps doux, sur son pantalon en toile.

Ce n'est pas la première fois qu'on parle d'Izieu au procès. Il en a été question quand Serge Klarsfeld a réussi à faire établir l'authenticité du télégramme expédié à Paris dans la soirée du 6 avril par le télégraphiste SS Willi Fuss et dans lequel Barbie rend compte de la rafle.

En regardant sur le côté, Gabrielle identifie sur le banc des avocats, Serge Klarsfeld et ceux qui plaident au nom des enfants d'Izieu, MM^e^ Roland Rappaport, 54 ans, Alain Jakubowicz, 34 ans, et Charles Libman, 63 ans ; d'autres, arrivés en retard, Roland Dumas, Henri Noguères, Joë Nordmann, regagnent leurs places, et, sans attendre, l'audience commence. L'ancienne institutrice balaie d'un regard rapide l'estrade qui surplombe la salle d'au moins un mètre cinquante. On croirait un podium installé pour un spectacle…

À 13 h 40, une sonnette retentit. Puis, une annonce : « La cour ! » Tout le monde se lève. La porte à double battant s'est lentement ouverte pour l'entrée du président, suivi de ses deux assesseurs, plus les assesseurs suppléants, et des jurés, le silence s'est fait. Le procureur général, Pierre Truche, 58 ans, imposant dans sa robe rouge, et son adjoint, Jean-Olivier Viout, 41 ans, substitut général près la cour d'appel de Lyon, en charge de l'organisation du procès Barbie, prennent place.

Comme tous les jours depuis le troisième jour du procès, le président de la cour d'assises du Rhône, André Cerdini, d'élégante allure, de sa voix ferme teintée d'un léger accent méridional, qui restera jusqu'au bout maître du navire, ouvre cette 13e audience et constate l'absence de l'accusé dans son box :

– Le service d'ordre peut-il me renseigner sur la position de l'accusé quant à sa comparution aujourd'hui ?

– Monsieur le Président, l'accusé refuse de comparaître, répond chaque fois le gendarme, micro à la main, derrière la vitre du box vide, depuis le jour où l'accusé a décidé de ne plus assister à son procès, « ayant été enlevé illégalement ». Il en a le droit. Tout accusé peut refuser la comparution. Depuis, beaucoup de journalistes et de curieux ont déserté la salle d'audience comme si l'intérêt du procès tenait dans la seule présence de Barbie dans le box.

Vite, elle regarde en dessous du box de l'accusé, posé sur une estrade ceinte de parois vitrées, son avocat, Me Vergès, qu'elle reconnaît immédiatement. Elle l'a vu plusieurs fois à la télévision répondre aux questions des journalistes sur les marches du palais. Ses yeux sont vifs et perçants. Il fait peur, on l'appelle « l'avocat du diable ». C'est vrai.

Le coup de théâtre a failli interrompre le procès, mais le président a décidé de passer outre le refus de l'accusé de comparaître et, à chaque début d'audience, il dépêche un huissier muni d'une sommation à la prison Saint-Joseph où Klaus Barbie est incarcéré. Puis, il suspend l'audience.

LYON, PALAIS DE JUSTICE, 27 MAI 1987

Le temps que l'huissier interroge l'accusé dans sa cellule, l'écoute lui dire qu'il ne viendra pas, lui fasse signer le procès-verbal et revienne au plus vite. Pendant l'attente, Gabrielle voit le président, qui porte des demi-lunes, le regard attentif, presque tranquille, s'adresser à l'huissier, avec la toute petite pointe d'accent qu'elle a remarquée, elle qui est gênée par le sien. D'après ce qu'elle sait, il écoute, pose peu de questions, ne s'énerve jamais, mais son autorité est grande et guère contestée. À demi-rassurée, elle suit ses paroles dans un état de grande tension. Elle n'a pas le droit à l'erreur.

Lyon, salle d'audience du palais de justice, 27 mai 1987

– Monsieur l'Huissier, veuillez faire l'appel des témoins et des parties civiles.

L'huissier, robe noire et lunettes cerclées de métal, micro à la main, appelle les témoins :

– Madame Sabina Chwast, épouse Zlatin. Le docteur Léon Reifman. Monsieur Lucien Favet.

Au passage, Gabrielle note l'erreur sur le prénom. C'est Julien.

– Monsieur René Wucher. Monsieur André Wucher [il porte le prénom de son père]. Madame Gabrielle Perrier, épouse Tardy.

À l'annonce de son nom, Gabrielle s'approche des marches qui montent vers la barre et, en une fraction de seconde, le cœur battant, articule à peine : « Présente. » Ensuite, elle entend le nom de Léa, sa chère Léa, qu'elle est si contente de revoir. C'était son amie. Comment imaginer qu'un jour elle la reverrait ? Lucien Bourdon, lui, ne s'est pas déplacé.

Consciente de l'importance du moment, l'air grave, elle ne quitte pas des yeux le président qui poursuit.

– Mme Feldblum est partie civile, elle peut rester dans la salle, ainsi que Mme Zlatin. Je m'adresse maintenant aux témoins, c'est-à-dire monsieur Lucien Favet, monsieur René Wucher, monsieur André Wucher et madame Tardy : vous allez être conduits par l'huissier dans la salle des témoins, vous n'en sortirez que pour venir déposer et je vous informe que vous ne devez discuter entre vous ni de l'affaire ni de l'accusé.

L'audience est suspendue jusqu'au retour de l'huissier de la maison d'arrêt. Il est 13 h 45.

C'est un audiencier – c'est le nom de sa fonction – qui conduit les témoins, dont Gabrielle, dans la salle d'attente, et qui viendra les chercher le moment venu pour leur déposition. La voilà enfermée dans une pièce meublée avec des chaises, une table sur laquelle sont posées des bouteilles d'eau et des verres. L'interdiction de parler entre témoins ajoute à la tension. Elle regarde Julien Favet que le président, qui consulte régulièrement ses notes, s'obstine à appeler Lucien sans que celui-ci corrige. Elle le sent encore plus angoissé qu'elle. Il tourne et retourne son béret entre ses mains déformées par les travaux des champs. Avec son front enfoncé par la chute d'un arbre, son œil mort et son dos courbé, il fait de la peine à Gabrielle, qui se souvient de lui du temps où il était costaud et vigoureux. L'« ancien domestique agricole », comme il se présente, en a « gros sur le cœur » et il n'en démord pas, il connaît le coupable, le « donneur » de la colonie. Mais, personne n'a pu joindre Lucien Bourdon pourtant cité à comparaître. Et puis, ajoutera Julien Favet lors de sa déposition, l'homme au chapeau mou accoudé au grand bassin, qui l'a laissé tranquille, c'est Klaus Barbie. Il l'a reconnu, il est sûr de lui. Retenue dans la salle des témoins, Gabrielle n'entendra pas sa déposition. Mais, à la fin de l'audience, elle verra le malheureux en pleurs, choqué par les questions perfides de l'avocat de Klaus Barbie, Jacques Vergès, fort soupçonneux, qui met en doute son témoignage, arguant qu'au procès de 1947, il n'avait pas été entendu à juste raison parce que son récit n'est pas digne de foi.

Dans la salle des témoins d'où elle perçoit quelques éclats de voix, Gabrielle patiente. Maintenant elle est seule. Elle est la dernière à être appelée. Comme il était à prévoir, Gabrielle est très nerveuse. Le temps lui semble long. Il y a eu, après l'audition de Julien Favet, une deuxième suspension d'audience, entre 16 h 35 et 17 h 15. C'est bientôt son tour. Il y a, avant elle, les deux frères Wucher. Le plus jeune, René, qui avait 8 ans et demi en 1944 et qui est le « miraculé » de la confiserie. Maintenant, il a 51 ans, les cheveux coiffés en arrière, une fine moustache, une veste beige clair et il vit dans la région parisienne, à Antony. Comment pourrait-elle le reconnaître ? Ils n'ont pas eu l'occasion de se revoir, et n'ont pas grand-chose à se dire. Son frère, André, de trois ans son aîné, habite lui aussi Antony, et attend avec Gabrielle dans la salle des témoins. Quelques mots de politesse échangés, et André Wucher a été appelé à la barre. Comme son frère, il a l'air d'être pressé d'en finir avec cette histoire. Froids, distants, ils n'ont pas grand-chose à déclarer, et semblent mal à l'aise. Ils savent ce que l'on dit de leur père, exécuté dans de curieuses circonstances en août 1944. Il aurait placé le plus jeune de ses fils à la colonie pour « espionner », avec la rafle comme seul objectif.

Il est déjà 17 h 30 quand l'huissier vient chercher Gabrielle, elle est la dernière de la journée à déposer, juste après les deux frères. Elle le suit et monte les dix marches qui la conduisent à la barre. Plein de prévenances, l'huissier pose son sac à main sur une chaise à sa droite. Elle est debout, face au président installé en hauteur.

Elle a à peine le temps de scruter les jurés – des hommes et des femmes qui lui paraissent jeunes – qui restent impavides, le stylo à la main, le regard braqué sur les témoins. Au-dessus du banc des avocats, où elle reconnaît Me Serge Klarsfeld, Me Roland Rappaport et Me Alain Jakubowicz, les cheveux roux et de grandes lunettes cerclées de bois, qui la regarde avec bienveillance, elle découvre le procureur général Pierre Truche, robe rouge et fourrure blanche, belle figure encadrée de cheveux blancs, fort impressionnant.

Elle redouble d'angoisse, de peur de mal faire et de ne pas trouver les mots. Elle ne sait pas trop ce qu'on attend d'elle… Que doit-elle dire ou ne pas dire ? Elle ne sait pas qui a « donné » les enfants d'Izieu. Est-ce que Klaus Barbie était présent le jour de la rafle ? Elle l'ignore, elle n'était pas là.

Avant de faire prêter serment à un témoin, le président lui pose cette question qui lui semble incongrue : « Vous n'avez avec l'accusé aucun lien de parenté ou d'alliance ? » Non, évidemment.

Bien droite, les bras légèrement croisés, elle est prête. L'interrogatoire commence par des questions qui lui paraissent simples, elle y répond du mieux qu'elle peut. Tout était paisible, elle avait rempli son rôle d'institutrice, avait remarqué que certains étaient très intelligents, d'autres doués pour la musique ou le dessin, et elle s'était efforcée de les faire travailler, malgré leur grand nombre. Elle les pensait à l'abri.

Ensuite, le président a donné la parole à Me Roland Rappaport qui l'a fait citer comme témoin. C'est un avocat parisien, très engagé, membre du MRAP, et qui défend la directrice d'Izieu, avec énergie. Il lui importe que les gens d'Izieu et des environs viennent dire à la cour ce qu'ils savaient de la colonie. Gabrielle affirme que jamais elle n'a pensé les enfants en danger, jamais un soldat allemand n'est monté jusqu'à Izieu. À peine l'a-t-il remerciée pour son témoignage que c'est au tour de Me Alain Jakubowicz, le jeune avocat lyonnais de se lever et de la questionner. Savait-elle si le jeune Wucher, qui avait été relâché, était juif ou non ? Évidemment non ! Elle l'avait trouvé un beau matin dans la classe, et voilà ! Jamais elle n'interrogeait les nouveaux venus, sauf pour avoir leur prénom et connaître leur niveau. Pourquoi lui aurait-elle demandé s'il était juif ?

Le président : – Peut-être pourrait-on libérer le témoin ? Est-ce que la défense a des questions à poser ?

Me Vergès : – Non.

Le président : – Madame Tardy, la cour vous remercie, vous allez vous asseoir dans la salle.

Sa déposition est terminée. Elle n'en revient pas. Si peu de temps. Dix minutes à peine. A-t-elle oublié quelque chose ? N'est-ce pas étrange qu'on l'interroge si brièvement ? Elle s'est sentie si malhabile. À sa décharge, personne ne l'a préparée à cette épreuve. Plus tard, elle regrettera de s'être exprimée « sèchement ». En réalité, elle ignorait comment cela allait se passer : qu'on allait l'interroger afin de déterminer si Barbie était ou non présent à Izieu le jour de la rafle, et non pas la laisser déclarer ce qu'elle savait. Avait-elle servi à quelque chose ? Elle l'espérait de tout cœur, mais n'en était pas sûre.

Un rien déçue de ne pas avoir vu Barbie, et de n'avoir entendu quasiment aucune déposition puisqu'elle était dans la salle des témoins, elle se sent cependant soulagée. À la fin de l'audience, Gabrielle est contente d'en avoir fini, et elle est épuisée.

À la sortie de l'audience, la presse entoure la directrice. *Le Progrès*, *Le Figaro*, *Libération*, *Le Monde*, *L'Humanité*, tous les journaux reprendront les termes de sa déposition, qui a duré presque quarante minutes, et où elle a parlé du choix d'Izieu, du rôle du sous-préfet, de ses démarches à Vichy pour tenter d'obtenir une intervention du gouvernement français en faveur des enfants, et de son engagement dans la Résistance française. Ce qui a le plus frappé le public, c'est le moment où elle s'est tournée vers Me Vergès, et où elle s'est exclamée en détachant chaque mot : « Barbie a toujours dit qu'il s'occupait uniquement des résistants et des maquisards, c'est-à-dire des ennemis de l'armée allemande. Mais les enfants d'Izieu, c'étaient quoi ? C'étaient des résistants ? C'étaient des innocents. »

Son cri émeut la France entière, l'humoriste de gauche Guy Bedos confie à un journaliste du *Monde* que son fils Nicolas, 11 ans, en pleurs devant la télévision, lui a demandé : « C'est qui Barbie ? »

Lyon, palais de justice, lundi 1er juin 1987

Lundi 1er juin 1987. Gabrielle est méconnaissable. Intérieurement. C'est d'un pas nettement plus assuré qu'elle revient au palais de justice, trois jours après sa déposition. Elle se faufile à travers la foule, résolue à pénétrer dans l'enceinte du tribunal. Il lui tient à cœur d'assister à la suite du procès. Sa place est là, elle fait partie de l'histoire. C'est même son devoir de témoigner. Les places assises sont chères, mais l'ancienne directrice lui a fourni une accréditation pour les trois journées d'audience consacrées à la rafle.

Le box de l'accusé est toujours vide, la présence ou non de Barbie sur place encore débattue, et la polémique sur le nom du dénonciateur continue d'enfler. Toujours le même décor, mais cette fois-ci Gabrielle a tout son temps pour regarder cette grande salle, les colonnes néo-corinthiennes, la barre des témoins où elle était, le président en robe rouge, les neuf jurés, les bancs des avocats, les journalistes, les parties civiles assises devant, l'avocat de Barbie, le box vide de l'accusé, tout est en place.

Vendredi dernier, le lendemain de sa déposition, elle a eu la surprise de voir son nom cité dans *Le Progrès* sous la plume de la journaliste qui suit le procès depuis le début, Françoise Rolland : « À force de s'interroger hier sur la présence ou non de Barbie dans la cour, on a peut-être oublié les enfants. On aurait aimé que Mme Tardy, qui fut leur institutrice, en parle un peu moins timidement. Qu'elle rappelle des images précises, celui-ci était turbulent, celui-là si doué en dessin, plutôt que cette classe unique de 5 à 17 ans. »

Si elle avait osé, elle aurait dit que ceux qu'elle connaissait le mieux, c'étaient ceux qu'elle punissait et qui restaient avec elle après le goûter. Ils lui expliquaient un peu ce qu'ils pensaient, sans jamais parler de leur passé. Un jour, le petit Raoul lui avait dit : « Vous savez, les Allemands, ils nous en ont fait du mal. » Comment auraient-ils pu lui expliquer l'exil, l'internement, la séparation d'avec les parents, la faim, la peur, les rafles ?

La journaliste n'a pas tort, les souvenirs de Gabrielle sont minces. Ils tiennent en peu de mots. Elle n'avait pas eu le sentiment de vivre quelque chose d'exceptionnel, jusqu'au moment de la rafle. Elle était insouciante, au moins autant que les enfants, voire plus.

« Enfants heureux qu'a fait revivre en des termes simples Gabrielle Tardy, leur ancienne institutrice, là-bas entre deux collines », écrit de son côté Gérard Schmitt dans *Lyon Figaro*. C'était son intention quand elle a déposé face au tribunal, les décrire tels qu'ils étaient avec elle. Elle était sûre que certains, qui étaient très intelligents, auraient un avenir brillant. « Ces élèves n'étaient pas comme les autres. La tragédie était inscrite en eux, dans leur chair. Elle coulait dans leurs veines. » Mais Gabrielle l'ignorait.

Du jour au lendemain, le nom d'Izieu est sur toutes les lèvres. La rumeur enfle sur les « traîtres français » qui auraient dénoncé la colonie, les envoyés spéciaux se rendent en masse à Izieu, pressent les habitants de questions, échafaudent des explications, désignent des coupables, et l'atmosphère devient pesante.

D'après le reporter de *Libération*, Sorj Chalandon, qui s'est lui aussi rendu sur place, le village en a assez des soupçons qui portent sur l'ancien maire. On aurait laissé embarquer les enfants. Des croix gammées ont été tracées sur la stèle à Brégnier-Cordon et sur le mur de la poste, en face, quelqu'un a écrit : « Un seul Dieu, Hitler. » C'est faire fi de la mémoire entretenue dès 1946. Mais de vieilles rancœurs couvent et se servent de la curiosité soudaine de la presse pour répandre des vilenies.

Bien plus intéressante est la visite de la maison, qu'il effectue grâce à la propriétaire actuelle, Mme Thibaudier. Le journaliste, visiblement ému, y trouve, dans un pupitre gardé dans le grenier, une ardoise oubliée avec, tracé d'une main malhabile, le mot « pomme ». Par un élève de Gabrielle…

Impossible de lire tous les articles consacrés à l'ancienne directrice tellement ils sont nombreux et élogieux : « Qui pourra oublier l'image terrifiante de Mme Sabina *[sic]* Zlatin, sortant du palais de justice après son témoignage et se figeant devant les photographes en haut des marches ? Sur son visage, masque antique de douleur et de réprobation, de révolte, était inscrite à tout jamais la tragédie d'Izieu. » La journaliste du *Progrès* ajoute : « Dans un cri jeté en oracle au début de l'audience, sa voix avait soudain pétrifié l'assistance. » On l'entoure, on l'interroge, on la photographie, on la sollicite de toutes parts. On l'appelle « la dame d'Izieu ».

Les mots manquent à Gabrielle pour traduire son émotion quand enfin elle serre dans ses bras son amie Léa qu'elle n'a pas revue depuis quarante-trois ans. Jamais elle n'avait osé imaginer de telles retrouvailles ni qu'elle reverrait des « anciens d'Izieu », et encore moins qu'elle serait là au tribunal répondant à la presse. Si les propos de Léa, horriblement crispée à la barre, semblent incohérents d'après la presse, peu importe. Dans son mauvais français, oublié depuis si longtemps, la voix aiguë, les yeux presque fermés, elle a dit l'horreur. Son récit est terrifiant, entrecoupé de gestes quand elle ne trouve pas les mots. Elle décrit l'arrivée à Montluc, les menottes pour les grands, l'interrogatoire, le transfert à Drancy et l'appel des enfants pour le convoi, quatre jours après. Son nom ne figure pas, elle est enregistrée sous une fausse identité. À l'officier allemand qui ne le lui demande pas, elle avoue : « Je ne suis pas Marie-Louise Decoste, mais Léa Feldblum. »

Il lui a simplement dit : « Embarquez. »

Fourgon à bestiaux jusqu'à Birkenau, trois nuits et trois jours. L'arrivée, le ciel rouge, les enfants dont on la sépare, le petit Émile qui s'était accroché à elle. « On les a pris !

Brûlés. » Et elle, le numéro 78620, neuf mois d'enfer, la libération par les Soviétiques, et plus tard l'émigration en Palestine. Et aujourd'hui, si elle a survécu, dit-elle, c'est pour témoigner.

Voilà pourquoi Gabrielle, elle aussi, est venue. Témoigner, raconter ce qui s'est passé, pour ne pas oublier. Oui, dans l'Ain, on a protégé ces enfants. Presque jusqu'au bout. Léa n'a pas bafouillé quand elle a déclaré : « Les voisins étaient aimables, les enfants étaient heureux. »

Que justice soit faite, Gabrielle le souhaite. Mais ce qui est primordial pour elle dans ces journées au procès, ce sont les embrassades avec les « anciens ».

Revoir Léa est une grande joie. Elles ont partagé tant de bons moments, et elle ne lui avait pas dit au revoir. Elle l'avait cru morte, elle aussi. Le télégramme qui avait annoncé son retour des camps était parvenu à l'ancienne directrice Sabine Zlatin en mai 1945 de la part d'une de leurs amies : « Léa Feldblum chez moi retour Auschwitz assez bonne santé – Espère tu as reçu premier télégramme. Aucune nouvelle des autres ? Léa séparée dès arrivée camp et plus revus… »

Lyon, palais de justice, mardi 2 juin 1987

Mardi 2 juin 1987. Encore une journée ensoleillée. Devant le palais de justice, toujours le même dispositif policier déployé, contraignant chacun à être dûment en possession des autorisations nécessaires pour pénétrer dans l'enceinte du palais. Au pied des marches, accrochées les unes aux autres, Beate Klarsfeld, Mme Halaunbrenner, qui porte autour du cou son accréditation, Mme Benguigui et Léa Feldblum se tiennent par le bras et regardent droit devant elles. On les reconnaît, on les photographie, et on les encourage.

13 h 45. Pour Gabrielle, le décor est désormais familier, moins intimidant, presque habituel. La foule du public, mélangée aux parties civiles, qui s'installe comme au théâtre, les avocats qui ouvrent leur serviette et sortent leurs dossiers, et, au-dessus d'eux, le procureur et sa crinière blanche, facile à reconnaître de loin.

Dans les journaux, on s'étonne du courage de ces résistants torturés, de ces déportés, des fils et filles de déportés qui ont attendu si longtemps leurs parents, qui sont venus quarante-trois ans plus tard livrer de si terribles témoignages au procès de l'ex-chef de la Gestapo. On parle de « guerre faite aux enfants », et un envoyé spécial de Radio France, avec une avocate de Paris, ont tenu une conférence de presse pour annoncer des révélations sur les traîtres d'Izieu. À nouveau il a été question de la culpabilité de Lucien Bourdon, du maire du village, et d'André Wucher, le père du garçon sauvé. Gabrielle ne sait pas quoi penser. Ce qui l'émeut, c'est l'évocation des enfants et, en filigrane, son rôle si minime soit-il qui a fait d'elle leur accompagnatrice.

De même, elle se soucie peu du débat sur la nature juridique des crimes commis par Barbie. À ses yeux, tout s'enchaîne. Le chef de la Gestapo a organisé, avec une rare efficacité, la mort de ses élèves, qu'elle croyait en sécurité avec elle puisque l'ouverture de la classe avait été accordée par le ministère de l'Éducation nationale. Sa nomination, pour elle, en était la preuve. Elle n'avait pas compris que c'était un leurre. Rien ni personne ne protégeait les enfants de la haine des nazis.

La sonnette retentit. La quinzième audience va commencer. La salle est pleine à craquer.

« La cour ! » Même rituel que les jours précédents, l'accusé refuse de comparaître, un huissier part à Montluc, à son retour, le président déclare l'audience ouverte. La reprise, une heure après, s'ouvre sur la déposition d'Élie Wiesel, déporté à 15 ans et prix Nobel de la paix. La mort entre dans le prétoire. C'est une occasion unique pour Gabrielle d'entendre son témoignage qu'elle suit de bout en bout.

Deux heures durant, Élie Wiesel, pâle et nerveux, tient en haleine le tribunal et le public, expliquant le sens de sa démarche « pour que les victimes de l'holocauste ne soient pas tuées une seconde fois par l'oubli ». Et surtout ce passage : « Ce procès a déjà opposé un démenti à ce tueur. Les témoins ont parlé, leur vérité a pénétré la conscience de l'humanité. Grâce à eux, les enfants d'Izieu ne seront jamais oubliés. » Entendre de telles paroles prononcées par un ancien déporté, prix Nobel de la paix, devant un tribunal, est pour Gabrielle tout simplement inouï.

Attentifs, les jurés écoutent aussi sa plongée dans l'univers concentrationnaire. Et noircissent leurs blocs-notes. Assise dans la salle, Gabrielle ne perd pas une miette de ce qu'elle entend. Une belle leçon d'histoire pour les jeunes massés derrière des barrières métalliques, au fond de la salle, qui ont parfois fait une à deux heures de queue sur les marches du palais.

Les dépositions se suivent et ne se ressemblent pas, remarque Gabrielle. On fait un bond dans le temps. À présent ce sont les maires actuels, celui d'Izieu et celui de Brégnier-Cordon, trop jeunes pour avoir connu les faits, qui essaient d'expliquer à quel point cette rafle a frappé les habitants. D'ailleurs, H. Mériaudeau, le maire de Brégnier-Cordon, lance une idée : « Nous aimerions beaucoup – quand je dis “nous”, je parle au nom de la population de Brégnier-Cordon et du conseil municipal – que le souvenir de ces enfants et de ces adultes ne disparaisse pas après la vague d'intérêt suscité par le procès et nous aimerions beaucoup que la maison et le domaine où ils ont vécu, qui risquent de passer en d'autres mains puisque le propriétaire est mort, soient acquis par une souscription publique, nationale et internationale, pour en faire un musée à la mémoire de ces enfants et de tous les martyrs du nazisme. »

Cet homme a raison, le procès, et Gabrielle s'en est rendu compte, a soulevé une vague d'intérêt pour la rafle d'Izieu. Il y a même des journalistes qui lui ont posé des questions à la fin de l'audience. Elle leur a répondu en quelques mots, s'effaçant rapidement, encore toute remuée par ce qu'elle a entendu.

Que dans l'enceinte d'un palais de justice, devant des centaines de personnes, beaucoup de jeunes, des collégiens ou des lycéens, soit évoquée la mémoire de ses élèves l'impressionne. Ce qu'elle a vécu est dit par d'autres en public.

Il a 53 ans, et il avait deux petites sœurs à Izieu. C'est Alexandre Halaunbrenner qui raconte comment « le malheur a frappé deux fois sa famille par la faute du même homme, Klaus Barbie ». L'arrestation de son père et de son frère dans leur appartement à Villeurbanne et la rafle de ses deux petites sœurs placées à Izieu. Mina, se souvient Gabrielle, avait les cheveux bouclés. Avec Alice, elles étaient inséparables. Parfois espiègles, la plupart du temps studieuses. Plus dociles que les garçons, en tout cas. Assise dans la salle, à proximité de l'ancienne directrice, elle-même à côté de Lise Lesèvre, une résistante torturée par Klaus Barbie, Gabrielle essaie de se remémorer chaque visage individuellement. Malgré tous ces efforts, ils restent flous.

S'avance maintenant vers la barre, soutenue par deux policiers, Ita-Rosa Halaunbrenner, la mère d'Alexandre qui vient de faire sa déposition. Habillée de gris, ses cheveux blancs relevés en chignon, le visage marqué, la respiration courte, elle peine. Mais ce procès, c'est le sien. Elle l'attend depuis le jour où Serge Klarsfeld l'a contactée pour retrouver les traces de Klaus Barbie.

Le témoin suivant, Isidore Friedler, inconnu de Gabrielle, est le mari d'une des monitrices, Mina, qui se faisait appeler aussi Marie, et père d'une petite fille, Lucienne, née à Berchem, en Belgique. Encore une fois, Gabrielle se rappelle qu'elle a été une des dernières personnes à les avoir vues vivantes. Dommage que chacun ait suivi son destin sans chercher à savoir ce qu'étaient devenus les autres, pensant probablement qu'il n'y avait plus personne. Ce monsieur presque chauve, 72 ans, est venu d'Israël raconter comment, à son retour de déportation, à l'été 1945, il a vu à l'hôtel Lutétia, boulevard Raspail, transformé en centre d'accueil, une grande photo. « On faisait des recherches sur le centre des enfants enlevés à Izieu. Des enfants qui sont partis à Drancy et pour une destination inconnue. C'est comme ça que j'ai su que ma femme et ma fille ont été déportées vers Auschwitz et ne sont plus revenues. Ma fille avait 5 ans, ma femme avait 32 ans. »

Et dire qu'elle se souvient à peine d'elles deux. Pire encore, elle ignorait que, depuis le début de l'année 1943, Mina n'avait plus de nouvelles de son mari. De son enfant, cet homme, brisé par le chagrin, ne possède pas même une photo. Il reste un prénom et un nom sur lequel personne ou presque ne peut mettre un visage ni raconter quoi que ce soit.

Pas le temps de se remettre de l'émotion que Fortunée Benguigui, la mère des trois garçons, 83 ans, toute frêle, robe bleu cobalt à pois blancs, cheveux blancs, commence par le récit de sa déportation, le 6 mai 1943, à Auschwitz. Des mois d'horreur. Et puis un jour, au camp, elle a cru voir un enfant porter le chandail rouge qu'elle avait tricoté pour son aîné, Jacques. Ses camarades lui ont dit : « Ne te fais pas d'idée, tu te trompes. » Et quand elle est rentrée au Lutétia, elle a vu les affiches, les noms. « Mais je savais déjà. » En écoutant la mère des enfants Benguigui, Gabrielle apprend qu'avant la guerre celle-ci habitait Oran et qu'elle était venue avec ses quatre enfants rejoindre son mari en métropole. « C'était un boute-en-train, mon Jacquot. » Elle a raison, se dit Gabrielle, qui a gardé la même image de ce petit garçon, à ceci près qu'il savait aussi être « terrible », l'obligeant régulièrement à le punir. C'était un « pitre », et elle l'avait mis au premier rang pour mieux le surveiller. D'ailleurs sur une des rares photos qui restent, il fait le clown, le regard espiègle et l'air heureux. Sa petite sœur, Yvette, à l'époque 22 mois, était gardée dans le village, ce qui l'a sauvée. Par miracle, les Allemands ne sont pas allés la chercher là-haut. Ils ignoraient sa présence.

Éprouvante journée. Il est 17 h 45 quand le président annonce : « L'audition des témoins prévue pour ce jour est terminée, l'audience est suspendue, elle sera reprise demain à 13 h 30. »

Lyon, palais de justice, plaidoirie de Serge Klarsfeld, 17 juin 1987

Quinze jours plus tard, Gabrielle reprend le chemin du palais de justice. Le temps est au beau fixe, le quai Romain-Rolland toujours plein de monde, et les accès au palais de justice bien gardés. Maintenant elle connaît le chemin, c'est presque pour elle la routine. Au bout de quatre semaines, plus personne, et elle moins que tout autre, ne se pose la question de savoir si un tel procès doit avoir lieu. Pour l'ancienne institutrice, il y a un avant et un après procès, alors qu'il n'est pas encore terminé. Le récit de ce jeudi saint où, comme l'a écrit un journaliste, Satan passa à Izieu, a provoqué un effroi dans l'opinion publique. Grâce aux audiences, peu à peu, Gabrielle a renoué avec son passé, retissé des liens et compris l'enchaînement des faits. Par exemple, le départ de Sabine Zlatin quelques jours avant la rafle s'explique. Elle était partie dans l'Hérault pour préparer l'éparpillement de la colonie qu'elle prévoyait le 12 avril.

Aujourd'hui, c'est le premier jour des plaidoiries. Trente-neuf avocats pour huit jours de plaidoiries. Un accusé toujours absent. Sur les marches du palais, on se bouscule plus qu'à l'accoutumée. Il y a un regain d'électricité dans l'air, comme les premiers jours. Interviews de dernière minute, discussions pour obtenir le précieux sésame qui permet d'assister aux audiences, distribué avec parcimonie, autant de brouhaha et de bousculades. Le décorum l'impressionne moins, mais la tension est grande dans la salle. Il y a des jeunes qui s'agitent avant l'entrée de la cour, les parties civiles qui attendent avec impatience le moment des plaidoiries, les invités du préfet, du maire ou de la magistrature qui rejoignent la mezzanine installée au-dessus de la salle, les journalistes curieux de voir l'affrontement entre Jacques Vergès et ses trente-neuf confrères, tous retiennent leur souffle à l'annonce de l'entrée de la cour. Comment ne pas penser à des spectateurs s'installant dans une salle de théâtre ?

C'est Serge Klarsfeld qui prend la parole en premier. Gabrielle, assise dans le public, est figée et concentrée.

C'est un moment très attendu. La salle d'audience connaît l'affluence des grands jours. Plus une place libre. Pour tous ceux qui ont suivi le procès de bout en bout, l'émotion a été au rendez-vous de presque toutes les audiences. Et celles consacrées à la rafle d'Izieu ont marqué les esprits. Effet du procès, la route qui mène au village est désormais correctement signalée, remarque un journaliste. Plus spectaculaire : on reproduit à l'infini une des photos des enfants prises pendant l'été 1943. Ils posent, souriants, devant la fontaine, assis dans l'herbe.

L'un tient un ballon, l'autre fait un pied de nez, un autre encore est habillé en Arlequin, ensemble, ils deviennent le symbole de l'enfance assassinée. N'était le destin de ceux qui vous regardent en toute innocence, ce serait une banale « photo de colo ».

Comme l'a fait le directeur du collège lors de l'inauguration de la stèle en 1946, Serge Klarsfeld, qui avait 8 ans quand son père a été arrêté, nomme tous les enfants avec leur nom et leur prénom. De chacun, il rappelle le lieu et la date de naissance. De chacun, il dit le sort des parents déportés, pour la plupart dès 1943. Et pour chacun, il répète « Il n'est pas revenu » ou « Elle n'est pas revenue ». Il lit aussi les lettres écrites depuis Izieu par ceux qui avaient encore un père, une mère, un parent vivant.

« Sami Adelsheimer n'avait que 5 ans. Il était né à Mannheim. Sa mère, Laura, avait été déportée le 20 novembre 1943, neuf convois avant le sien. Sami n'est pas revenu. Max Leiner était né, lui aussi, à Mannheim, il avait 8 ans. Max n'est pas revenu. Les parents d'Otto Wertheimer ont été déportés le 17 août 1942, transférés par Vichy de la zone libre à Drancy en zone occupée. Il est resté seul, il avait 12 ans, il a été déporté sous la fausse identité d'Octave Wermet. Otto n'est pas revenu.

« Egon Gamiel avait 8 ans. Ses parents, Ernst et Gertrud, internés au camp des Milles, livrés eux aussi aux SS par Vichy, ont été déportés le 17 août 1942. Egon n'est pas revenu. Arnold Hirsch était le cousin d'Egon Gamiel. Il venait d'avoir 17 ans et il était le plus âgé des quarante-quatre enfants. Ses parents, Max et Ida, ont connu le même camp, le même convoi et le même destin que ceux de son cousin. Arnold, lui, n'a pas été gazé à Auschwitz : déporté par le convoi du 15 mai 1944 avec M. Zlatin, il a été fusillé en Estonie dans la forteresse de Reval. Arnold n'est pas revenu. Théo Reis avait 16 ans. Interné au camp de Gurs avec sa mère et sa grand-mère, il les a perdues quand elles furent livrées à la Gestapo par Vichy et déportées le 14 août 1942. Le souvenir de cet adolescent rieur a été évoqué ici même par son ami Paul Niedermann. Théo n'est pas revenu : lui aussi a été exécuté sommairement dans la forteresse de Reval. François Loban était en réalité Fritz Loebmann. Il était né à Mannheim, il avait 15 ans ; sa mère, Mathilde, avait été livrée aux SS par Vichy et déportée le 17 août 1942. François-Fritz n'est pas revenu. Avec Arnold, avec Théo, il faisait partie des trois adolescents que Barbie, dans les comptes abjects de son télex, a pris pour des adultes ; 41 enfants de 3 à 13 ans et 10 Köpfe : 10 têtes, comme s'il s'agissait de bétail ; en réalité 44 enfants et 7 adultes. Hans Ament était né à Vienne. Il avait 10 ans. À Izieu, on l'appelait Jeannot. Son père a été déporté le 4 mars 1943. Sa mère se mourait de tuberculose non loin d'Izieu. »

Un passage de la lettre de Hans adressée à sa mère que lit Serge Klarsfeld touche particulièrement Gabrielle : « L'école est dans la maison. Il y a une maîtresse exprès pour faire l'école. Elle nous apprend bien. » « Jeannot n'est pas revenu », ajoute l'avocat.

« Les parents de Georgy Halpern n'ont survécu que

pour pleurer chaque jour la perte de leur unique enfant. Ils n'ont pas eu la force de venir évoquer la mémoire de ce garçon de 8 ans, né à Vienne, qui leur a écrit d'Izieu tant de lettres touchantes. »

Après en avoir lu quelques passages où le petit garçon leur explique qu'il s'amuse bien, mange bien et travaille bien en classe, l'avocat reprend son énumération : « Rénate et Liane Krochmal étaient nées également à Vienne, elles avaient 8 et 6 ans. Livrés aux nazis par Vichy, leurs parents, Jacob et Amélie, ont été déportés le 16 septembre 1942. Quant à leur frère, Siegfried, c'est au camp de Rivesaltes qu'il est mort à 11 ans. Renate et Liane ne sont pas revenues. Martha et Senta Spiegel avaient 10 et 9 ans. Elles étaient nées à Vienne. Leur mère, Rachel, et leur père, Aron, ont été eux aussi livrés aux SS par Vichy et déportés le 25 septembre 1942. Ni Martha ni Senta ne sont revenues. Sigmund Springer était né lui aussi à Vienne. Il avait 8 ans. Ses parents, Mendel et Sarah, ont fait eux aussi le sinistre voyage organisé par Vichy de la zone libre vers Drancy et ils ont été déportés le 11 septembre 1942. Sigmund n'est pas revenu. »

Sans discontinuer, Serge Klarsfeld, sur un ton volontairement neutre, sans intonation, presque monocorde, continue à tracer le destin de chacun. De quoi donner la chair de poule.

« Nina avait 11 ans, elle était née à Bruxelles. Sa mère, Mieckla, a été déportée en 1942, le 11 septembre, en été ; son père, Leib, en 1943, le 7 décembre, en automne ; et elle, en 1944, le 13 avril, au printemps. Nina n'est pas revenue. Albert Bulka, le cadet, était né à Anvers ; Majer-Marcel Bulka, l'aîné, était né en Pologne. » Moment terrible où Serge Klarsfeld évoque le « petit frère, Coco, blond bambin de 4 ans, échappé du camp d'Agde sous le manteau de Mme Zlatin et dont les yeux s'illuminaient de confiance filiale quand vous le teniez par la main », d'après les propres termes du directeur du collège, en 1946, lors de l'inauguration du monument. Et pour compléter, « leur mère, Roizel, avait été déportée le 11 septembre 1942 et leur père, Mosiek, le 4 mars 1943. Ni Marcel ni Coco ne sont revenus ».

Puis, il rappelle que le 2 juin la cour a entendu Isidore Friedler, séparé de sa femme Mina et de leur petite fille Lucienne, au début de la guerre et qui a appris à la Libération qu'elles s'étaient réfugiées à Izieu avant d'être déportées à Auschwitz. Il n'a même pas une photo de sa petite fille qui avait 5 ans.

L'avocat regrette ensuite l'absence à ce procès de Max Mermelstein, « émigré en Australie, qui n'a pas pu faire le voyage en raison de son état de santé critique, il aurait pourtant voulu parler de ses enfants, Paula, 10 ans, et Marcel, 7 ans, tous deux nés à Anvers, et de sa femme Frieda qui fut arrêtée à la suite de la rafle d'Izieu et en même temps que ses enfants le 20 mai. Ni Paula, ni Marcel, ni leur mère ne sont revenus ».

D'autres enfants venaient de Belgique : « Max et Herman Tetelbaum étaient nés également à Anvers. Ils avaient 12 et 10 ans. Leur arrestation à Izieu a entraîné celle de leur mère, Sefa, de leur sœur Gabrielle et de leur frère Maurice, capturés quelques jours plus tard à Chambéry. Dans cette famille de six personnes, seul le père a survécu, pour son malheur. »

Avec beaucoup de tact, Serge Klarsfeld revient sur le témoignage de Léa Feldblum, seule survivante de la rafle qui « ne peut exprimer avec cohérence tout ce qu'elle a vu et subi ». Lors de sa déposition, des rires avaient été entendus dans la salle, Me Roland Rappaport avait dû intervenir pour les faire taire. « Léa Feldblum, cette femme admirable, qui a choisi d'être immédiatement déportée pour ne pas quitter les enfants dont elle avait la charge, tenait d'une main Coco Bulka et de l'autre Émile Zuckerberg à la descente du train à Birkenau. Émile n'avait que 5 ans ; il était né à Anvers, ses parents, Zigmund et Serla, avaient été livrés à la Gestapo par Vichy et déportés le 14 septembre 1942. C'était à ce petit, traumatisé par cette brutale séparation, qu'il fallait raconter des histoires pendant des heures pour qu'il finisse par s'endormir et qui disait : “Quand je serai grand, je tuerai tous les Boches.” Émile n'est pas devenu grand ; il n'est pas revenu d'Auschwitz.

« Esther, Élie et Jacob Benassayag étaient nés à Oran ; ils avaient 12, 10 et 8 ans. Leur père avait été arrêté dans la grande rafle de Marseille et déporté le 23 mars 1943. Esther, Élie et Jacob ne sont pas revenus ; mais leur mère croit toujours les revoir dans les visages de ceux qui avaient l'âge de ses enfants et qui ont eu la chance de devenir adultes. »

Il y avait à Izieu une autre fratrie, celle des enfants Benguigui, dont la mère est venue parler le 2 juin aussi, comme Isidore Friedler et Ita-Rosa Halaunbrenner : « Jacques, Richard et Jean-Claude, nés tous les trois aussi à Oran. Ils avaient 12, 7 et 5 ans. Ils ne sont pas revenus. »

Arrive pour Gabrielle, dans la longue liste, le nom de son petit préféré : « Barouk-Raoul Bentitou riait et chantait tout le temps ; il avait 12 ans et lui aussi était né dans l'Oranais, à Palikao. Son père et deux de ses frères avaient déjà été déportés le 23 mars 1943. Barouk les a suivis et lui non plus n'est pas revenu. »

La salle d'audience, pleine à craquer, est silencieuse, attentive. Les visages sont graves. De l'autre côté, sur le banc de la défense, Jacques Vergès ne bouge pas. Implacable, Serge Klarsfeld, sans marquer de pause, ne quittant pas des yeux la cour, passe en revue tous les membres de la colonie.

« Max et Jean-Paul Balsam étaient nés à Paris ; ils avaient 12 et 10 ans. Leur père avait été déporté par le premier convoi de juifs de France, le 27 mars 1942. Arrêtés avec leur grand-mère à Paris, en février 1943, ils avaient été libérés de Drancy grâce à l'UGIF qui les avait fait passer en zone Sud, alors que leur grand-mère était déportée. À Izieu, Max et Jean-Paul ont connu un bref répit. Ils ne sont pas revenus d'Auschwitz. Chaïm-Henri et Joseph Goldberg avaient 13 et 12 ans. Ils étaient nés à Paris. Ni Henri ni Joseph ne sont revenus. »

S'adressant directement aux jurés immobiles, l'avocat leur rappelle les dépositions d'Alexandre Halaunbrenner et de sa mère Ita-Rosa en souvenir des deux fillettes, Mina et Claudine, 8 ans et 5 ans. Pas revenues.

Et, implacable, Serge Klarsfeld continue son atroce litanie, sans changer de ton, sans trémolo dans la voix, ferme et déterminé, tout en laissant échapper sa propre émotion : « Isidore Kargeman était né à Paris, il avait 10 ans. Son père, le 5 juin 1942, l'avait précédé dans un convoi pour Auschwitz, d'où Isidore n'est pas revenu. Claude Levan-Reifman était le neveu du Dr Reifman qui a échappé à la rafle et qui a déposé à cette barre. Il avait 10 ans ; il était né à Paris ; il a été déporté avec sa mère et ses grands-parents. Aucun d'entre eux n'est revenu. Alice-Jacqueline Luzgart avait 10 ans, elle était née à Paris. Alice n'est pas revenue. Gilles Sadowski avait 8 ans ; il était né à Paris. Sa mère, Ruchla, avait été déportée le 27 juillet 1942 ; son père, Symcha, n'a pas échappé non plus à la déportation. Gilles n'est pas revenu. Charles Weltner avait 9 ans ; il était né à Paris. Sa mère, Marguerite, était hongroise. À son retour de déportation, elle n'a pas retrouvé son fils et n'a jamais renoncé à l'espoir qu'il était encore vivant. Sarah Szulklaper était née à Paris. À Izieu, on l'appelait Suzanne. Ses parents, Tauba et Huna, avaient été déportés le 18 juillet 1943. De même que ses petites camarades, Sarah n'a rejoint ses parents que dans la fumée des crématoires d'Auschwitz. Maurice Gerenstein était né à Paris ; il avait 13 ans. Maurice n'est pas revenu ; pas plus que sa sœur Liliane, née à Nice et qui avait 10 ans. Leurs parents, Chendla et Chapse, avaient été déportés le 20 novembre

1943. C'est Liliane, 10 ans, qui a écrit à Dieu cette lettre déchirante retrouvée à Izieu : "Dieu ? Que vous êtes bon, que vous êtes gentil et s'il fallait compter le nombre de bontés et de gentillesses que vous nous avez faites il ne finirait jamais... Dieu ? C'est vous qui commandez. C'est vous qui êtes la justice, c'est vous qui récompensez les bons et punissez les méchants. Dieu ? Après cela je pourrai dire que je ne vous oublierai jamais. Je penserai toujours à vous, même aux derniers moments de ma vie. Vous pouvez être sûr et certain. Vous êtes pour moi quelque chose que je ne peux pas dire, tellement que vous êtes bon. Vous pouvez me croire. Dieu ? C'est grâce à vous que j'ai eu une belle vie avant, que j'ai été gâtée, que j'ai eu de belles choses, que les autres n'ont pas. Dieu ? Après cela, je vous demande qu'une seule chose : faites revenir mes parents, mes pauvres parents, protégez-les (encore plus que moi-même) que je les revoie le plus tôt possible, faites-les revivre encore une fois. Ah ! Je pouvais dire que j'avais une si bonne maman et un si bon papa ! J'ai tellement confiance en vous que je vous dis un merci à l'avance."

« Liliane Gerenstein, son frère Maurice, les quarante-deux autres enfants d'Izieu ont été déportés et assassinés. »

Et puis, Me Klarsfeld conclut : « Jamais Barbie n'a souffert et ne souffrira ce que les mères d'Izieu survivantes que vous avez vues continueront d'endurer jusqu'à leur dernier souffle. Elles attendent aujourd'hui que Barbie, ramené du bout du monde, qui n'a renié aucune de ses convictions nazies ni n'a exprimé aucun remords, aucun regret, soit condamné, conformément aux réquisitions que vous entendrez de M. le Procureur général, à la peine qu'entraîne la gravité de ses crimes. »

À l'évocation de chaque enfant, Gabrielle les revoit assis en face d'elle. Par petits groupes, les filles d'un côté, les garçons de l'autre, les petits dont Léa s'occupait, les grands qui lui donnaient parfois du fil à retordre. À vrai dire, elle mentirait si elle prétendait se souvenir de tous, sa mémoire défaillait, et elle n'aimait pas non plus faire de différences entre eux pour ne pas les blesser. La plupart du temps débordée, elle n'avait pas eu le temps de bien les connaître. Dans une classe ordinaire, il y a les fiches que remplissent les élèves, elle y avait renoncé. Elle ignorait tout ou presque d'eux. Pourquoi ne les avait-elle pas interrogés ? Certes, à plusieurs reprises, elle avait tenté de savoir d'où ils venaient. Sans grand succès. Ils se muraient dans le silence, affectant de ne pas avoir entendu ses questions. Quelques-uns lui faisaient des confidences. De celles que l'on fait à une maîtresse. Au bout de quelques semaines, elle avait perçu entre les enfants une solidarité qu'elle n'avait jamais vue chez d'autres. Peut-être parce qu'ils étaient en colonie. D'habitude, les petits n'hésitent pas à se dénoncer les uns les autres, souvent pour faire plaisir à la maîtresse. Mais là, non. Quand elle découvrait une sottise, personne ne se dénonçait. Elle les trouvait dégourdis, intelligents, souvent moins empotés que ceux qu'elle avait eus auparavant. Avec ce qu'ils avaient déjà vécu, ils avaient l'habitude de se débrouiller. Il leur arrivait de la contredire. Quel toupet ! Pour le cours d'histoire consacré aux Hébreux, elle l'avait étudié dans son livre la veille.

« Les juifs avaient été chassés d'Égypte par les Pharaons », avait-elle dit.

« Jamais de la vie. Jamais de la vie. Ce sont eux qui sont partis d'eux-mêmes, ils n'ont pas été chassés par les Pharaons », avaient rectifié les grands !

Et quand elle avait voulu leur parler de Jeanne d'Arc, ils avaient affirmé qu'elle n'avait jamais existé ! Une histoire inventée ! Elle avait été vexée, oh oui !

À ses yeux de jeune femme paisible, ce sont des « petits révoltés ». Contrairement à ce qu'on écrit à son sujet, ce n'est pas elle qui leur a appris à chanter *Vous n'aurez pas l'Alsace et la Lorraine*, mais le professeur de chant, M. Albert, du collège de Belley. Ce n'est pas son genre de « mettre de l'huile sur le feu ».

Mais la plupart du temps, rien ne les distinguait des autres élèves de leur âge. Ils se chamaillaient, avaient plus envie de jouer que d'apprendre leurs tables de multiplication, ne tenaient pas en place, avaient du mal à se concentrer, et profitaient qu'elle avait le dos tourné pour faire des bêtises.

Lyon, palais de justice, suite de l'audience, 17 juin 1987

Il est à peu près 17 heures quand Serge Klarsfeld laisse sa place à Me Charles Libman, chargé de démontrer la responsabilité personnelle de Klaus Barbie dans la rafle d'Izieu. Avec ses cheveux blancs, sa voix tonitruante, ses effets de manche, Charles Libmann, 42 ans de barreau, ancien résistant, Gabrielle découvre un autre style d'avocat. Pugnace, il attaque son adversaire et démontre clairement et rapidement la culpabilité de Barbie.

C'est au tour de Me Roland Rappaport, l'avocat qui représente la directrice et a fait convoquer Gabrielle. Plus en retenue, il montre à l'audience un tract de la Résistance signé *Fraternité* faisant état de la rafle dès le mois de mai 1944 et prédisant la mort des enfants. Reprenant l'histoire de la colonie, elle l'entend, à sa grande surprise, la citer : « On y monte une école, une institutrice est nommée, Mme Tardy, et la vie va son train. Et la vie va son train, dans ce que l'on croit être une paix retrouvée. On y vit, on y apprend, on y chante, on y mène la vie aussi normale que possible d'enfants déjà séparés, déjà atteints par la souffrance. Pas une vie idyllique. »

L'avocat poursuit. « Un jour, Mme Zlatin, qui cherche déjà à disperser – nous sommes au printemps 1944, nous sommes dans les premiers mois de 1944 –, qui cherche à disperser cette colonie – les enfants arrivent de partout, les temps sont extrêmement difficiles –, demande à Mme Tardy, qui est l'institutrice, s'il se passait quelque chose, "est-ce que vous pourriez, un moment, garder les enfants ?" Elle pose cette question, parce qu'elle pense que, peut-être, des gens de l'encadrement pourraient être arrêtés, mais pas les enfants. Et alors, qui s'occuperait des enfants ? Eh bien, l'institutrice lui dit "mais bien sûr". Mais personne ne croit que quelque chose va pouvoir arriver aux enfants. »

Les paroles de l'avocat l'apaisent. La reconnaissance en public, dans ce cadre solennel, de ce qu'elle a vécu, ce qu'elle appelle « l'épisode tragique de sa jeunesse » lui ôte un poids du cœur.

Et, à chaque instant, elle découvre un peu plus l'histoire de la colonie et de la persécution des juifs. Tout s'emboîte, s'éclaircit, et prend un sens. Elle est tout ouïe quand Me Charles Libman, qui reprend les charges retenues contre Barbie dans l'affaire d'Izieu et cite les témoins directs de la rafle, détaille le télex, reprend un à un tous les procès-verbaux des interrogatoires de l'accusé, analyse toutes ses déclarations avec minutie. Il y a tant de choses qu'elle ignore. Quatre jours après la rafle, le curé de Brégnier-Cordon a fait une attestation concernant une dizaine d'enfants de la colonie qui ont assisté au cours d'instruction religieuse catholique du mois d'octobre 1943 au mois d'avril 1944. Et d'ajouter qu'il ne faut pas tenir compte de la dénonciation d'une personne du village accusant la maison d'enfants d'Izieu dans l'Ain d'être un repère d'enfants juifs.

Les plaidoiries s'enchaînent. C'est l'histoire de Raoul Bentitou qui va être racontée, le préféré de Gabrielle, celui qui lui a offert son sifflet et qui chantonnait sans cesse.

Il y a du bruit dans la salle, des gens se lèvent et conversent, on ne comprend pas pourquoi. L'avocat s'interrompt et demande au président un peu de silence, qu'il obtient. Plus d'une fois, il arrive que Me Vergès vole la vedette à Klaus Barbie et la foule des journalistes et des badauds attendent en haut des marches du palais ses déclarations. Mais la présence de jeunes qui passent parfois l'après-midi debout, certains tous les jours, lui réchauffe le cœur. Dans les rangs des parties civiles, elle ne voit que dignité et émotion.

Après la courte plaidoirie de Me Roland Amsellem, Me Gilbert Collard, deuxième défenseur de la famille Bentitou, arrivé très tardivement dans le dossier, se lève pour plaider : « Pour nous, la victime, c'est le petit Raoul, le garçon qui, comme on vous l'a dit, chantait toujours. Il chantait toujours, parce que peut-être croyait-il, comme beaucoup d'enfants dans le monde, que la vie est toujours heureuse et qu'on ne rencontre pas sur son chemin un Barbie. »

Il est 18 h 05. L'audience est suspendue, annonce le président. Gabrielle sort de la salle encore sous le coup de l'émotion.

Lyon, palais de justice, le verdict, 4 juillet 1987

Il y a encore le moment du verdict, la nuit du 4 juillet 1987, la condamnation à perpétuité de Barbie, et elle partage le soulagement de tous ceux qui ont voulu ce procès. Mais ce qu'elle en retient, c'est quantité de détails sur les enfants et leurs moniteurs. Les conditions de leur installation au printemps 1943 ne lui étaient pas connues de manière si détaillée, ni leur déportation et à peine leurs parcours. Que leur sort ait pour origine une délation, une trahison, que leur arrestation soit le fait d'un voisin lui importe moins que le risque de l'oubli. Comme l'a dit le procureur Pierre Truche, pour les enfants d'Izieu, le seul fait de leur naissance les condamnait, sans qu'ils puissent trouver leur échappatoire. C'est de ça qu'il faut avoir conscience. Les enfants d'Izieu sont là pour le rappeler à jamais.

La presse ne cesse de le répéter, ce procès est une grande leçon d'histoire. La mémoire enfouie des témoins, et en particulier celle des rescapés des camps, est revenue à la surface. Plus d'une fois, elle a été glacée par la révélation de ce qu'il était advenu de ses quarante-quatre élèves. Le « boucher de Lyon » l'intéressait bien moins que les souvenirs de Léa Feldblum ou d'Édith Klebinder, ou de ceux qui avaient connu les petits avant son arrivée en octobre 1943.

Odile Cimetière, journaliste au *Progrès de Lyon*, relate la rencontre, celle d'une vieille dame, venue exprès des États-Unis, avec Sabine Zlatin. En anglais, elle demande à l'ancienne directrice, à la fin de sa déposition : « Vous souvenez-vous des enfants Krochmal ? » Mme Zlatin comprend la question, hoche la tête et répond « Oui ». Les deux femmes s'étreignent en silence. Parler des morts, c'est une consolation.

L'immense joie que Gabrielle en retire, c'est de revoir ceux qui ont vécu à Izieu et de parler avec eux. Partager ses souvenirs et sa peine la soulage. Jusqu'à présent, il lui avait semblé sans intérêt de s'étendre sur cet épisode de sa vie, Elle n'avait pas imaginé que son témoignage serait utile. Mais désormais elle a sa place dans l'événement. Le procès, c'est le temps de la délivrance.

Quand elle a écrit à Mme Zlatin au moment de l'arrestation de Barbie, elle n'imaginait pas qu'il faudrait aller à l'audience. Son geste était spontané, rien ne lui permettait de penser qu'elle pourrait jouer un rôle, si petit soit-il. Et elle ne le regrette pas, même si l'accusé, le SS Klaus Barbie, n'est pas dans le box. Les anciens d'Izieu, les familles, les proches lui ont parlé si gentiment. Son fardeau pèse moins lourd désormais. À présent, elle se sent solidaire d'eux tous. On la croit, on la soutient, on lui donne raison. Jamais elle n'a osé imaginer qu'un jour la France et le monde entier apprendraient ce qui est arrivé.

Enfin, elle rompt avec le silence qu'elle s'est imposé et qu'on lui a imposé. Enfin, elle se sent utile. Son rôle si modeste qu'il ait été s'inscrit enfin dans l'histoire. La Grande Histoire. Au lieu de se terminer ce jour-là, son devoir de témoigner ne fait que commencer…

Izieu, 2 juillet 1990

Après le procès Barbie, rien ne sera plus comme avant. Tous les « anciens » d'Izieu qu'elle a revus ont été si gentils avec elle. Hier, elle était prisonnière du passé, aujourd'hui, elle se sent forte de ce passé. Pour la première fois, elle réalise que ses souvenirs sont précieux parce qu'ils portent la mémoire des disparus. Elle se croyait égoïste quand elle les évoquait. Au contraire, comprend-elle enfin, partager ses souvenirs permet de ne pas les oublier. C'est si inespéré de retrouver des survivants à qui elle a pu enfin transmettre ce qu'elle sait d'eux du temps où ils vivaient à la colonie.

L'un des témoins ne savait même pas qu'il avait séjourné à Izieu, petit enfant. Il l'a découvert un jour de 1987. Le journal télévisé diffuse ce soir-là des images de la maison. Défilent sur l'écran la terrasse, la balustrade, la fontaine devant, et la grange aménagée en dortoir. Samuel Pintel, 40 ans, dont la mère est revenue des camps, sait qu'il a été caché dans les environs de Chambéry. À plusieurs reprises, il a cherché à retrouver les lieux où il avait été emmené, en carriole se souvenait-il, avec son copain Marcel. Ils avaient roulé longtemps et ils étaient arrivés frigorifiés. Quelques jours plus tard, un autre reportage montre en gros plan la porte à deux battants de la grange et, cette fois, il lui semble reconnaître l'endroit où il a dormi. Il se décide à refaire le chemin depuis Chambéry en regardant sur une carte où se trouve cette maison dont on parle. Il y a quarante-cinq kilomètres depuis Chambéry en passant par le col de L'Épine. Cette fois, il ne lui faut quelques secondes pour reconnaître le lieu où il a séjourné à peine deux mois et demi.

Apprenant par la voisine que l'ancienne directrice est toujours vivante et qu'elle réside à proximité, il lui téléphone. Le lendemain, il retrouve son passé. Puis, il essaie de revoir Gabrielle. Le premier contact n'est pas facile. L'ancienne institutrice, qui ne s'attendait guère à cet appel, ne comprend pas d'abord qui est au bout du fil :

– Madame, est-ce que vous avez quelque temps à me consacrer ?

– Ça dépend.

– Je suis un ancien d'Izieu.

Elle croit entendre, selon sa propre expression, une « voix d'outre-tombe ». Convaincue qu'il n'y a plus aucun enfant de cette période vivant encore, outre ceux qui étaient présents au procès, elle reste sur ses gardes. Puis, elle se ressaisit, et l'invite immédiatement à lui rendre visite. C'est pour elle, un miraculé.

Ils ne se quitteront plus.

C'est le 9 janvier 1990, Gabrielle le note dans son carnet. Elle le reçoit chez elle. Vraiment émue, elle le retrouve quarante-sept ans après l'avoir eu comme élève. Mais, la voilà peinée en apprenant qu'il a gardé d'Izieu de mauvais souvenirs. À l'époque, petit garçon séparé brutalement de sa mère, emmené dans une carriole, frigorifié, il découvre une grande bâtisse peuplée d'enfants qui se connaissent tous. Le temps est brumeux. Samuel est tout seul. Sa mère pourra-t-elle le retrouver ? Il est désespéré.

Il ne sait ni où il est, ni pour combien de temps. Gabrielle lui assigne une place, lui donne un cahier avec son nom écrit à l'encre rouge. Il se débarrasse vite des opérations et de l'exercice de grammaire et chahute avec son voisin, tape sur la table avec sa règle en bois dans l'espoir qu'on le remarque. Mais l'institutrice est trop affairée pour s'occuper de lui et lui donner un autre devoir. Elle le punit et le met dehors. Lors de leurs retrouvailles, il lui raconte la scène, telle qu'elle est restée gravée dans sa mémoire et, désolée, elle s'en veut de ne pas lui avoir prêté attention à l'époque, trop accaparée par ses autres élèves à qui elle tentait désespérément d'inculquer quelques rudiments. Gabrielle se sent pleine de remords !

Après le retentissement du procès Barbie, tout s'est enchaîné très vite. Des films, des livres sont consacrés à la rafle, l'émotion est grande à l'évocation du martyre des enfants, symboles du crime contre l'humanité. Ils sont morts parce qu'ils sont nés juifs. En septembre 1988, sur les écrans, on donne le film de Marcel Ophüls, *Hôtel Terminus*, sous-titre : *Klaus Barbie, sa vie et son temps*. Mi-reportage mi-enquête, on y voit Julien Favet, filmé dans la cour de la ferme et devant la maison, et aussi Simone Lagrange, qui, elle, n'a jamais séjourné à la colonie. Arrêtée à Lyon par Barbie le jour du débarquement allié, avec ses parents, elle est déportée à 13 ans à Auschwitz. En 1972, à 57 ans, elle l'a reconnu à la télévision et a témoigné au procès. Une amitié entre les deux femmes s'est alors nouée. Pour une raison mystérieuse, Gabrielle, elle, échappe au réalisateur.

En 1992, nouvelle expérience pour l'institutrice à la retraite : elle doit rédiger son propre témoignage, à la demande de l'ancienne directrice de la colonie. Celle-ci, à la fin de son ouvrage autobiographique, *Mémoires de la « Dame d'Izieu »*, préfacé par François Mitterrand, et publié par les soins des éditions Gallimard, montre à quel point elle tient à donner à Gabrielle la place qu'elle-même a tant de mal à définir : « Mme Tardy, je ne vais pas la ranger parmi les "enfants retrouvés". Cependant, elle a toujours été si proche des enfants que je ne veux pas l'éloigner. » C'est pourquoi, en tout état de cause, elle l'a sollicitée pour décrire les conditions de sa nomination à ce poste, sa première journée, son travail, ses élèves, le jour maudit où la terre s'est dérobée sous ses pieds. Ce témoignage, qu'elle a écrit à la main sur des feuilles de copie, tient en une série de quatorze petits tableaux : « Mon arrivée à la colonie », « La visite de monsieur le sous-préfet », ou « Raoul Bentitou » dont elle trace un portrait bouleversant. Les mots qu'elle choisit sont à son image, simples et touchants. Jamais elle ne cherche à enjoliver ses souvenirs qu'elle répétera sans les modifier chaque fois qu'on la sollicitera.

Dans le même temps, l'idée de transformer la maison en lieu de souvenir fait son chemin. Une association, coprésidée par l'ancienne directrice et l'ancien sous-préfet, M. Pierre-Marcel Wiltzer, et réunissant des élus locaux, d'anciens résistants, ainsi que des représentants de la communauté juive, voit le jour. Il faut racheter la maison à la famille Thibaudier devenue propriétaire en 1950 ; une souscription est lancée sous le haut patronage de François Mitterrand et avec l'appui de Guy Bedos qui ne ménage pas ses efforts dans la presse pour mobiliser les donateurs. Deux mille chèques sont recueillis, des subventions débloquées, des tractations menées, tant et si bien que le projet aboutit.

Lundi 2 juillet 1990. L'Association musée-mémorial d'Izieu est officiellement devenue propriétaire de la colonie. Au restaurant Bellevue, à Belley, le président de l'association, M. Pierre-Marcel Wiltzer, ancien sous préfet de l'Ain, et Mme Marie Thibaudier, la propriétaire, signent l'acte de vente pour 1 million 750 mille francs, comprenant la maison principale, ses deux bâtiments annexes, ainsi qu'une quarantaine d'hectares de terres, bois, vignes et landes.

Devant les caméras du journal télévisé, les membres du bureau vont aussitôt prendre possession des lieux. Manque à l'appel l'ancienne directrice, souffrante et restée à Paris. Guy Bedos, qui a fait le déplacement, se félicite de l'heureux dénouement.

On se met au travail pour transformer l'ancienne colonie en musée dédié à la mémoire des quarante-quatre enfants martyrs avec comme objectif « le souci d'expliquer aux jeunes générations » cette période. Il y aura onze mois de travaux. Aux murs des pièces où les enfants ont vécu, on accroche leurs photographies prises sur place ou avant, au temps où ils étaient heureux avec leurs parents, leurs frères et leurs sœurs. On encadre aussi leurs dessins, leurs rédactions, leurs petits mots griffonnés sur des bouts de papier, récupérés par Sabine Zlatin juste après la rafle ou conservés par les familles des enfants. Modestement, Gabrielle donne son avis sur la disposition des pupitres dans la classe. Revenir en ces lieux est douloureux. Mais elle n'en laisse rien paraître.

À cette occasion, l'ancien sous-préfet déclare dans *Le Progrès* qu'il a poussé un ouf de soulagement lors de la signature de la vente de la maison : « Pour moi, dit-il, c'est la réalisation d'un vieux rêve ; après les atermoiements des derniers mois, j'avais fini par croire que nous n'y arriverions jamais. » En regardant sa photo dans le journal, Gabrielle le revoit, comme si c'était hier, entrer dans sa classe, un jour de novembre 1943.

La veille, la directrice l'avait avertie de sa visite. Jamais, dans sa courte expérience d'institutrice, elle n'avait reçu quiconque de cette importance. Branle-bas de combat ! Il s'agit de faire bonne impression. Elle se précipite dans la classe, range son bureau, ramasse un bout de papier par terre, redresse la carte en papier fixée au mur, remet en pile les cahiers, et efface le tableau. Il lui reste les tables à aligner et l'essentiel : préparer ses élèves à ce grand jour.

À peine les enfants assis, les bras croisés, elle improvise un cours d'instruction civique sur le rôle du préfet et du sous-préfet, leur fait la leçon sur le respect à lui montrer et la tenue à adopter en pareil cas. Histoire de se détendre, elle choisit ce qui tombe sous le sens, un passage de « Monsieur le sous-préfet au champs »…

Lecture faite, elle repose son manuel avec précaution sur son bureau. C'est un vieil exemplaire qui date de Mathusalem, les pages écornées et la couverture en piteux état. Une de ses collègues lui a prêté un Mironneau, du nom de son auteur, Adolphe Mironneau, livre dans lequel tous les écoliers de France ont découvert Corneille, La Fontaine ou Alphonse Daudet. C'est le seul et unique manuel de lecture dont elle dispose, le perdre serait fatal ! Le reste du temps, elle utilise un livre de médecine que lui a prêté Léon Reifman. Ses élèves ont du mal à y trouver un quelconque intérêt… ce qui ne facilite pas l'apprentissage de la lecture !

Règle numéro un qu'elle apprend aux enfants, amusés par la lecture et excités par l'attente d'un visiteur important – et rien de tel pour rompre la monotonie de la classe : « Vous devez vous lever en silence à l'entrée de M. le sous-préfet. Nous allons répéter. » À la troisième ou quatrième fois, les enfants lui donnent l'impression d'avoir compris ce qu'elle attend d'eux. Elle est en train de leur recommander de ne pas parler sans lever le doigt, de bien écouter ce qu'elle leur demandera quand on frappe à la porte.

Entre en premier Mme Zlatin, l'air martial, suivie d'un monsieur distingué, sourire aux lèvres, d'une trentaine d'années, pas plus, qui pénètre dans la classe d'un pas tranquille. Et c'est la bousculade ! « M'sieur le sous-préfet ! Bonjour, M'sieur le sous-préfet ! » Immédiatement, les enfants se précipitent sur lui, l'entourent, lui tendent la main et, ô surprise, ce dernier semble tout heureux de cet accueil bruyant. Quel chahut ! Que va dire M. le sous-préfet devant cette pagaille ? Et Mme Zlatin va être furieuse, elle qui aime que tout le monde lui obéisse au doigt et à l'œil !

Ce que Gabrielle ignore alors, c'est que la plupart des enfants connaissent déjà le sous-préfet et savent ce qu'ils lui doivent.

Le sous-préfet est revenu à Noël à l'invitation de la directrice et des enfants. En grande tenue, il est monté, accompagné de Mlle Cojean, sa secrétaire, pour assister à la fête de fin d'année préparée par les enfants et leurs moniteurs. Le réfectoire a été aménagé en salle de spectacle avec un décor de théâtre, une estrade, des rideaux blancs et, en lettres d'or au-dessus, une banderole : « Joyeuses fêtes, heureuse nouvelle année. » Jacques avait réalisé la couverture du programme, Alice avait écrit l'invitation pour le sous-préfet qui avait réussi à venir, la veille de Noël, leur apporter « un peu de bonheur, d'évasion, quelques douceurs, introuvables en ces temps de restriction », selon ses propres mots.

Elle l'a aperçu à chaque cérémonie au fil des ans, fidèle au souvenir des enfants, et dont Mme Zlatin disait qu'il en aurait fallu beaucoup comme lui.

Maison d'Izieu, 24 avril 1994

Dimanche 24 avril 1994 à Izieu. Un soleil radieux. La foule a envahi le jardin de la maison. 11 h 05. Un hélicoptère parti de Paris se pose aux abords de Brégnier-Cordon. C'est François Mitterrand, président de la République, qui en descend. Des enfants des écoles voisines, bouquets de fleurs printanières à la main, l'attendent près de la stèle commémorant le martyre de la colonie. Quelques instants de recueillement puis le cortège officiel quitte le village et monte la route qui serpente jusqu'au hameau de Lélinaz avec sa croix de pierre posée sur un muret à l'entrée. 11 h 15, c'est le moment, avant de visiter la maison, de dévoiler la nouvelle stèle en acier patiné située en contrebas de la maison. Une minute de silence est observée.

Convoquée par le protocole tôt dans la matinée, Gabrielle est présente, vêtue d'une veste prince-de-galles pastel, et toujours avec un foulard noué élégamment, les cheveux permanentés, impressionnée par ce déploiement de forces de sécurité lié à la venue du président de la

République. Cette fois-ci, elle figure en bonne place parmi les personnalités. On lui a demandé d'être présente dans la classe pour accueillir le président, les « anciens d'Izieu » salueront le président dans l'entrée au rez-de-chaussée. Pour les reconnaître, ils portent une sorte de pique argentée avec une tête d'enfant. À son âge, Gabrielle reste étonnamment ressemblante à celle qu'elle a été. Les années ne semblent ne pas avoir eu beaucoup de prise sur elle, et, si son visage s'est un peu creusé et ridé, son regard est resté le même.

La venue du président de la République, déjà très malade, est placée sous haute surveillance. On craint des manifestations hostiles. Deux ans plus tôt, il a été copieusement sifflé lors du cinquantième anniversaire de la commémoration de la rafle du Vel d'Hiv. Il refuse de reconnaître que l'État français de Vichy est responsable des persécutions et crimes commis contre les juifs de France, estimant que Vichy est une parenthèse. Le procès du milicien Paul Touvier, aide-bourreau de la Gestapo de Lyon, vient de s'achever. On ne sait pas trop ce qu'il en a pensé. Et de surcroît, on apprend que le président fait fleurir la tombe du maréchal Pétain à l'île d'Yeu. L'inauguration du Mémorial des enfants d'Izieu vient à point nommé pour revenir, à titre officiel, sur l'une des dernières exactions commises contre les juifs, français ou étrangers, réfugiés en zone Sud. Il est très attendu.

La journée est magnifique, le temps doux et agréable, les gens venus de loin s'émerveillent devant la beauté du paysage. Plongée dans ses pensées, absorbée dans le souvenir des images d'autrefois qui se superposent, Gabrielle ne prête pas vraiment attention à la présence de Jacques Chirac, maire de Paris, de Mgr Decourtray, archevêque de Lyon, de Joseph Sitruk, grand rabbin de France, qui côtoient Serge Klarsfeld, Roland Dumas, Élie Wiesel, Pierre Truche, avocat général du procès Barbie, et quantité de personnalités qui ont fait le déplacement. Au journal de FR3, le présentateur, Louis Laforge, annonce le chiffre de 2 000 personnes présentes à l'inauguration : « Izieu est entré dans l'histoire de la République », dit-il. L'année précédente, la Maison d'Izieu a été reconnue comme un des trois lieux de mémoire nationale des victimes des persécutions antisémites, avec l'ancien vélodrome d'hiver et l'ancien camp d'internement de Gurs. L'inauguration a rendu presque méconnaissable la maison. Un immense parking a été improvisé en contrebas. C'est beaucoup de monde pour un endroit aussi escarpé. La tribune drapée de rouge a été installée en plein air devant l'entrée, face aux monts du Bugey. Sur le sol, un immense tapis vert cru recouvert d'au moins une centaine de chaises réservées aux officiels. Une est réservée à Gabrielle, mais il y a tant de monde qu'elle ne parviendra pas à s'y asseoir. Un service de sécurité imposant canalise la foule des curieux. Dans les pièces de la maison transformée en mémorial, l'ancienne directrice, appuyée sur une canne, montre les photos, prises sur place ou plus tôt, des enfants qu'elle n'est pas parvenue à sauver. Au premier étage, accrochés aux murs de la classe, des lettres aux parents ou aux frères et sœurs, des rédactions faites en classe et des dessins à la plume et au crayon. Les cow-boys et les Indiens, la locomotive bleue, l'ours blanc, les cigognes menacées par un méchant loup dans la forêt, les maisons fleuries en disent long sur les angoisses et les rêves des enfants séparés de leurs parents. Mme Zlatin, en tailleur bleu, les commente un à un au président de la République et s'assied devant une des vitrines : « Cela fait cinquante ans que j'attends ce moment », dit-elle de sa voix rauque. Dans le coin près de la porte se tient Gabrielle, à qui on demande de s'avancer pour expliquer comment elle faisait classe. Les indications qu'elle donne tiennent en quelques mots improvisés, et le président poursuit sa visite, suivi de son cortège et accompagné de la directrice.

Après la visite de l'ancienne grange transformée en lieu d'exposition permanente qui retrace l'itinéraire des enfants et de leurs familles, le président de la République signe le Livre d'or et rejoint la tribune d'où il prononce son discours : « Dans cette maison d'Izieu, isolée, accueillante, trouvée grâce à l'aide du sous-préfet de Belley, Pierre-Marcel Wiltzer, aujourd'hui parmi nous, qui préside l'association et qui vous rendit visite pour Noël 1943 en uniforme – je dis ce détail pour ce qu'il vaut –, vous avez, madame, prodigué à ces êtres démunis de tout, séparés de leur famille, hantés par le cauchemar des camps, le réconfort d'un amour simple et d'un dévouement sans limite. Vous les avez entourés d'une équipe d'éducateurs qui s'est efforcée de leur rendre le sourire et les joies de l'enfance. J'ai pu saluer à l'instant l'institutrice venue pour les enfants d'Izieu qu'il convenait d'éduquer, Gabrielle Perrier, devenue Mme Tardy. » Il semble avoir été surpris de faire sa connaissance. Personne ne lui avait dit qu'elle était vivante. Il l'avait ajoutée dans son discours. On imagine sans peine l'émotion de Gabrielle.

Paris, lundi 30 septembre 1996

Lundi 30 septembre 1996. Cimetière du Montparnasse. Le temps est gris et automnal. Gabrielle, qui a maintenant 74 ans, est venue à Paris pour les funérailles de l'ancienne directrice de la colonie. Elle a appris sa mort précisément à Izieu, alors qu'elle déjeunait avec son mari et son amie de toujours, Suzanne, institutrice à la retraite comme elle, à l'Auberge du Grand Thûr, l'ancien presbytère transformé en restaurant, juste en dessous de l'église. Habituée des lieux et de la vue magnifique, Gabrielle avait réservé une table pour ce déjeuner. Pendant la construction du mémorial, les équipes venaient y prendre leur repas, et quand Lionel Jospin est venu le visiter en novembre 1995, ancien Premier ministre et candidat à l'élection présidentielle contre Jacques Chirac six mois auparavant, il avait signé le Livre d'or de la Maison. Au mémorial, on avait gardé la photo de Gabrielle serrant la main de l'ancien Premier ministre. Retourner à l'auberge d'Izieu fait plaisir à Gabrielle, et elle a pris l'habitude d'y venir plusieurs fois dans l'année. Ce dimanche-là, elle s'apprête à passer un moment agréable. Mais Josy, une enfant du village, lui annonce la triste nouvelle. À 89 ans, Sabine Zlatin vient de s'éteindre dans une clinique à Paris. D'habitude pleine de retenue, son visage s'est décomposé, des larmes sont montées.

En compagnie des membres du Mémorial, Gabrielle a donc fait le voyage jusqu'à Paris. Toujours la même allure, le visage un peu creusé, elle garde ce sourire doux qui est sa marque, tout autant que sa discrétion légendaire. On la sent infiniment triste. C'est une grande perte pour elle. Résonne encore à ses oreilles une des dernières déclarations de la directrice à son propos, qui lui a été rapportée : « Elle a changé l'ambiance de la colonie. »

Le cercueil est simple, la pierre grise de la tombe de l'ancienne directrice porte l'inscription : « Sabina Zlatin-Yanka, peintre et fondatrice de la Maison des enfants d'Izieu. 13.01.1907-21.09.1996. » Yanka, c'était le prénom que son père préférait donner à la dernière de ses douze enfants. Chez elle, Gabrielle garde un tableau que lui a offert « la patronne ». L'été, dans sa grande maison de Ceyzérieu, cette dernière peignait des paysages, des bouquets, des natures mortes ou des personnages de cirque, pierrots et arlequins, qu'elle exposait un peu partout dans le monde. Un de ses tableaux, peint en 1964, vingt ans après la rafle, représente de part et d'autre d'un arbre noir une haute maison rectiligne et un bouquet de fleurs qui s'échappent d'un vase bleu. Chaque fois qu'elle se sentait triste, elle quittait Paris et y venait avec son amie, Yvette Rutschmann, une ancienne résistante qu'elle avait connue au Lutétia. Lire son prénom polonais, Yanka, sur la tombe de Mme Zlatin, rappelle à Gabrielle qu'elle était fière d'avoir été naturalisée en 1939 et se disait française de cœur depuis longtemps. Leurs vraies retrouvailles, c'était en avril 1983, juste après l'arrestation de Klaus Barbie. Une des nièces de Gabrielle l'avait accompagnée, elles avaient gardé un souvenir ému de cette rencontre. Dans un hameau de Ceyzérieu, La Pierre, l'ancienne directrice avait restauré une maison au milieu des arbres et avait aménagé un atelier vitré dans une annexe au fond du parc où elle peignait. Un bel endroit, avait pensé Gabrielle.

Des amis, le personnel du musée, beaucoup de fidèles et plusieurs personnalités ont fait le déplacement. Guy Bedos, Laure Adler, Yvette Roudy, Lucie et Raymond Aubrac sont venus lui rendre un dernier hommage. Bernard Latarjet, nouveau président de l'Association du mémorial, la décrit comme « quelqu'un qui déplaçait les montagnes », l'ancien sous-préfet de Belley parle de « sa volonté d'acier », et Pierre Truche ancien procureur général du procès Barbie d'« une femme d'une volonté extraordinaire ». Ce jour-là non plus, personne ne pense à interroger celle qui avait connu Sabine Zlatin à Izieu.

Peu importe. Elle reste fidèle au souvenir de tous, et on s'adresse à elle de plus en plus comme à la « mémoire » d'Izieu. Ainsi, en avril 1995, Gabrielle assiste à la pose d'une plaque au collège de Belley pour rendre hommage aux quatre pensionnaires de la colonie qui y ont été scolarisés, comme elle était allée à Belley, pour l'inauguration de la place des Enfants juifs et Martyrs d'Izieu, en 1987. Et on la voit chaque année à la cérémonie du 6 avril.

Localement, on continue de s'interroger. Les visiteurs posent bien souvent la question : « Qui a dénoncé la colonie ? » Ou bien ils se vantent de connaître la réponse. Traînent encore bien des rumeurs. Si le procès Barbie a fait la lumière, en 1987, sur la chaîne de responsabilité du commandement nazi, reste en suspens la question du traître.

En pareil cas, on a tendance à colporter des faits plus ou moins avérés et à accuser sans preuve. L'absence de Lucien Bourdon, qui accompagnait les Allemands à Izieu, au procès de Klaus Barbie, n'en finit pas de troubler les esprits. Pourquoi ne pas l'avoir amené de force ? Aux environs d'Izieu, on continue à montrer du doigt la famille Wucher. L'exécution du père, dont le corps est découvert dans les premiers jours de septembre 1944, le fils relâché par les Allemands prouvent aux yeux de certains sa culpabilité. C'est sans compter sur Marcelle Kryger, l'ex-compagne d'André Wucher, revenue d'Australie pour mener sa propre enquête. Au moment des faits, elle se remettait d'une fausse couche et avait été hospitalisée d'urgence à Belley par le Dr Albert Bendrihem, celui qui a été arrêté un mois à peine avant la rafle. Reprenant contact avec tous les témoins encore vivants, elle s'adresse notamment à Gabrielle et la questionne sur la déposition faite en 1983 dans laquelle elle parle des enfants Wucher. Dans une longue lettre, Gabrielle lui répond de manière très détaillée. On y lit tout à la fois ses scrupules et son émotion dès qu'elle évoque le sort de ses élèves.

« J'ai en effet parlé de deux enfants Wucher et je me suis demandé ensuite comment cette idée de deux enfants s'était ancrée dans ma tête au fil des ans. Je crois que j'en étais moins sûre à la fin de ma déposition, parce que je me souvenais d'un seul d'entre eux, relâché à Brégnier-Cordon. J'ai demandé à faire modifier mais l'on m'a dit que la première idée comptait. Je n'ai pas insisté, ne voyant pas l'importance de ce changement. »

Pour autant, elle continue à y penser. Une personne d'Ambléon, où elle est en poste après-guerre, proche des parents d'André Wucher, lui avait parlé de deux enfants dont ils s'occupaient et qui auraient séjourné à la colonie. C'était vingt ans après la rafle. Elle s'est persuadée de s'être trompée.

Et puis, comme elle l'écrit dans sa missive : « J'ai beaucoup revécu en pensée mon séjour à la colonie. » Et les détails de l'arrivée de Michel dans sa classe sont revenus : « L'inscription dans le registre du seul enfant de notre région, les récréations où il se tenait un peu isolé, puis commençait à s'intégrer au groupe, les voisins qui me disaient qu'il était à la colonie à cause d'ennuis de famille, puis le sauvetage du petit de Brégnier. » Aucun souvenir de son frère André.

Et de conclure : « Bien sûr, je ne tiens pas ma mémoire pour infaillible et nous en avons la preuve avec mon premier témoignage. Et ce n'est pas toujours facile de se reporter cinquante ans en arrière. »

Avec beaucoup de gentillesse, elle souhaite à Marcelle Kryger de réussir dans « les projets qui [lui] tiennent tant à cœur ». Quand cette dernière lui répond, en juin 1995, elle précise son témoignage : « Mlle Perrier, institutrice à Izieu, se souvenait bien de deux enfants Wucher à la colonie. Elle ne l'a pas rêvé ni inventé. Ce qui était fraîchement ancré dans sa jeune mémoire était la vérité. Cette vérité qui existe puisque je l'ai vécue : c'est moi qui, affaiblie, ai préparé le départ des petits, leur ai parlé, les ai embrassés. C'est leur père qui les a conduits là-haut. » Gabrielle se dit alors que sa mémoire n'a pas failli et que, finalement, sa déposition était juste. Le fait est que le journaliste Richard Schittly va démontrer l'innocence d'André Wucher. Oui, André Wucher, 33 ans, a été exécuté au début du mois d'août 1944. Non, sa mort n'est pas liée à Izieu ou à la Résistance. Sans doute un règlement de comptes.

Qui alors ? Si ce n'est une dénonciation, n'est-ce pas simplement une information administrative, portant la mention d'enfants juifs et non pas d'enfants réfugiés, qui a alerté la Gestapo ? Que ce soient des courriers des enfants à leurs parents, des rapports, des documents récupérés lors de rafle, tout est plausible. Une fois l'information donnée, reste à trouver l'adresse exacte et le chemin qui y mène. Un simple détour. Ce n'est pas le plus difficile. Le 958ᵉ bataillon de DCA, qui fait partie de la 272ᵉ division d'infanterie de l'armée allemande, est de retour après une opération de ratissage des campagnes, baptisée *Frühling*

(Printemps) dans l'Ain. Les soldats allemands ont à leur actif d'avoir cerné des villages, incendié des bâtiments, détruit des campements de maquisards, exécuté des civils, raflé des juifs, et quiconque désigné comme suspects par des habitants terrorisés. Au printemps 1944, ils sont aux abois et s'attaquent à tout ce qui leur tombe sous la main, et s'acquittent sur le chemin du retour vers Lyon d'une dernière action. Le soir même, à 20 h 10, de son bureau à Lyon, leur chef, Klaus Barbie fait son rapport. Tout s'est bien déroulé.

Izieu, dans la magnanerie, 31 mai-2 juin 2002

Vendredi 31 mai 2002. Le parking de ladite « Maison d'Izieu – Mémorial des enfants juifs exterminés », qui se situe en contrebas de la grange sur le côté droit, est plein. Sous un soleil radieux, Gabrielle descend de sa voiture. Malgré ses 80 ans, elle marche d'un bon pas et sans canne. Vêtue d'un tailleur grège, le sac assorti aux chaussures, « bien mise » comme elle dit quand elle sort de chez le coiffeur, elle s'avance vers le chemin qui mène à la maison accrochée à la crête. La vue sur les monts du Bugey, les Préalpes et le massif de la Chartreuse est toujours belle à couper le souffle avec au loin la vallée du Rhône et le Vercors. Rien n'a changé. Près du bassin, une grande tente blanche est dressée au pied du bâtiment pour accueillir les visiteurs.

Depuis l'ouverture du musée, à chaque visite officielle, celle d'un ministre, d'un maire, d'une équipe de télévision et, bien sûr, chaque fois qu'on le lui demande, Gabrielle répond à l'appel. Jacques Toubon en juin 1994 en tant que ministre de la Culture, Élisabeth Guigou, ministre de la Justice, en 1999, Raymond Barre, député du Rhône et maire de Lyon la même année, la saluent tour à tour respectueusement. L'ancienne institutrice se sent honorée et, après chaque rencontre, elle découpe la photo et l'article qui ne manquent pas de se faire l'écho de ces visites officielles. Au fur et à mesure, coupures de presse, lettres des élèves des écoles qui visitent le Mémorial, cartes de vœux des anciens d'Izieu sont rangées dans de grandes boîtes en carton qu'elle conserve soigneusement.

Jamais l'ancienne institutrice ne manque les réunions du conseil d'administration du Mémorial, où elle siège jusqu'en 1998 aux côtés de personnalités, dont les maires d'Izieu et de Brégnier-Cordon, le président de la région Rhône-Alpes, et plusieurs anciens d'Izieu qu'elle reçoit chez elle régulièrement. Elle n'y prend guère la parole. Personne ne s'en étonne ni ne le lui reproche. L'équipe du musée sait qu'elle préfère les petites réunions aux grandes assemblées.

Il lui serait désormais quasiment impossible de compter le nombre de ses rencontres avec les classes qui visitent le musée, ni les centaines de lettres qu'elle reçoit lui demandant de raconter ce qu'elle a vécu avec ses élèves. Il lui arrive de prendre deux ou trois jours pour répondre à toutes les questions qu'on lui pose. Est-ce que vous aviez peur ? Est-ce que vous avez vu les nazis ? Est-ce que vous connaissiez Klaus Barbie ? À quoi jouaient les garçons ? À quoi jouaient les filles ? Est-ce que vous leur mettiez des bonnets d'ânes ?

Consciencieusement, de sa belle écriture d'institutrice

– ce qu'elle est jusqu'au bout des ongles –, elle donne quantité de détails sur la vie de la colonie jusqu'à ce jour où, écrit-elle, « la terre a basculé sous mes pieds ». Dans l'une d'entre elles, elle explique par exemple aux élèves de Saint-Pierre-d'Albigny venus au mémorial qu'elle en a peu parlé jusqu'au procès Barbie où elle a revu la directrice, d'anciens d'élèves d'Izieu, des parents d'enfants, ce qui l'a un peu libérée et lui a permis de se sentir solidaire des survivants.

Dès qu'elle prend la route du hameau de Lélinaz, même pour la millième fois, elle ressent un pincement au cœur. C'est pour elle une sorte d'éternel pèlerinage. Lui revient toujours en mémoire une ou plusieurs images, parfois floues, des enfants qu'elle croit avoir oubliés. Depuis quelques années, elle se fait plus rare. Les responsables du musée constatent qu'elle s'éclipse de plus en plus souvent, prétextant son âge et sa fatigue. D'après ceux qui la connaissent, elle semble supporter de plus en plus mal l'émotion qui l'étreint à chaque visite. Revoir les lieux la perturbe, ce qu'elle n'avoue pas.

Un à un, les témoins disparaissent. Après la mort de Léa Feldblum en 1989, celle de Julien Favet, l'ouvrier agricole des Perticoz, suivie de celle de Sabine Zlatin en 1996, c'est au tour de l'ancien sous-préfet Pierre-Marcel Wiltzer de disparaître en 1999. Avec Renée Pallarès, qui avait été monitrice pendant l'été 1943 avec sa sœur Paulette, elle reste une des dernières personnes à les avoir connus.

Depuis le procès, des liens se sont noués entre les uns

et les autres. Avec Simone Lagrange, par exemple, arrêtée et déportée à 14 ans par Klaus Barbie. Dans sa bibliothèque, Gabrielle conserve soigneusement le livre qu'elle a publié sous le titre *Coupable d'être victime* qu'elle lui a dédicacé : « À Gabrielle Tardy. Avec mes remerciements pour ce qu'elle a fait ».

À l'initiative de l'équipe du Mémorial, sont réunis, trois jours durant, seize anciens d'Izieu qui ont échappé à la rafle parce que le hasard les a envoyés ailleurs, dans une autre maison d'enfants, des pensionnats, ou dans des familles d'accueil sous de fausses identités. Aujourd'hui, ce sont des septuagénaires venus de loin, certains pour la première fois depuis leur séjour à l'été 43 ! Leur mission ? Passer en revue les quatre-vingts photographies retrouvées et rectifier telle identité, vérifier telle autre, ou en confirmer une autre encore. C'est la dernière chance pour que plus aucun visage des enfants ne reste anonyme.

Il y a en majorité des scènes de la vie quotidienne, des instants de quiétude et de bonheur : Miron distribuant le courrier avec le facteur, la toilette devant le bassin, la corvée de pluche de pommes de terre, Léa en train de coudre, des jeux dans les prés. On voit les enfants et les adultes qui les encadrent : le cuisinier Philippe Dehan, les sœurs Renée et Paulette Pallarès, encore lycéenne à l'époque, venues en renfort de Montpellier à la demande de Sabine Zlatin, comme monitrices. Renée avait apporté son appareil photo, un Zeiss acheté dix ans auparavant par son père au Togo. Avec Paulette, elle a pris une quarantaine de clichés. Henri Alexander et Paul Niedermann possèdent eux aussi des appareils photos et s'en servent. Il y a des photos de groupe, des portraits, des photos d'identité échangées en guise de souvenir avec, écrites au dos, des promesses de se revoir. D'autres clichés ont été pris, le dimanche 26 mars 1944, soit douze jours avant la rafle, par Marie-Louise Bouvier, la nièce des Perticoz.

La consigne donnée aux participants est claire : identifier le maximum d'enfants.

Pour y parvenir, Gabrielle et les anciens d'Izieu sont assis autour d'une longue table en U dans la grande salle de réunion de la magnanerie, avec pour chacun un jeu complet de photos. Immédiatement, les paroles fusent : « Tiens, là, ils m'ont coupé la tête », « Lui, c'est le frère de Coco », « Il paraît que celui-ci a survécu… ». Chaque nom, à quelques exceptions près, est ainsi honoré.

Assise entre Georges Hirtz, venu de Perpignan, et qui a séjourné de mai 1943 à février 1944 à la colonie, et Alexandre Halaunbrenner, frère de Claudine et Mina, Gabrielle, très studieuse, loupe à la main, pleine de bonne volonté, consciente de l'importance de cette séance, scrute chaque photo. Gentiment, Bertrand Poirot-Delpech, de l'Académie française, président de l'Association de la Maison d'Izieu, présent ces jours-là, écrira dans *Le Monde* à propos de Gabrielle : « Mme Tardy qui se rappelle chaque élève aussi bien que la table de neuf… » Ce n'est pas tout à fait vrai. Sa mémoire lui joue plus d'un tour, et plusieurs visages restent anonymes. Ils lui disent, juste, « quelque chose ». Le désarroi se lit sur son visage tant elle s'est appliquée, en vain, pour reconnaître les enfants sur les clichés qui circulent. Elle s'en excuse et explique qu'elle se souvient mieux des « caractères » que des noms. Alors elle demande à rapporter chez elle les photos pour bien réfléchir. Le lendemain, triomphante, elle les rapporte complétées avec ses indications. Personne n'ose lui faire remarquer qu'elle a écrit au feutre sur des tirages qui ont coûté fort cher !

L'ambiance est chaleureuse, ses retrouvailles sont l'occasion de partager sur place et ensemble des souvenirs, assis dans la classe à leur place ou près du bassin en pierre. Il y a des rires auxquels se mêlent des larmes impossibles à retenir. Fidèle à sa manière, Gabrielle se tient en retrait. Sa présence « parle pour elle », comme le remarque l'un d'entre eux. La complicité qui la lie à tous se passe de mots, d'effusions ou de déclarations.

Puis, soudain, ils l'entourent, et les questions fusent. Son visage s'éclaire en les voyant former un cercle autour d'elle. L'un lui demande s'il était sage, l'autre s'il était appliqué. Un autre avoue qu'une fois il a mis sa tête dans sa jupe. Un jour de dictée, se souvient-il, elle passe dans les rangs, et il se penche pour chercher sa règle qu'il vient de faire tomber. En se relevant, il se retrouve sans le vouloir la tête dans sa jupe. Il en est horriblement gêné, et le pire c'est qu'il en a encore honte soixante ans plus tard. Un autre encore s'étonne d'apprendre de la bouche de Gabrielle que tous parlent français, alors que plusieurs viennent d'Allemagne ou s'expriment en yiddish avec leurs parents. Pour elle, c'étaient des écoliers semblables à tous les autres écoliers de France qui apprennent que la Seine prend sa source au plateau de Langres ou la Loire au mont Gerbier de Jonc, que chou, genou, caillou prennent un *x* au pluriel. À peine admet-elle que leur orthographe était moins bonne, pour ne pas dire déplorable, que d'autres à leur âge. Elle les trouvait intelligents et doués, et si quelques-uns étaient des polissons, elle les aimait tous.

Les circonstances ne changeaient rien à l'obligation qu'elle avait de leur apprendre à lire, à écrire, à compter. À la différence près qu'elle s'était attachée à eux plus qu'elle ne le croyait.

Arrive le moment de répondre à une longue interview enregistrée pour les archives du Mémorial, moment qu'elle redoute. Elle n'aime pas être « télévisée », comme elle dit. Croyant pouvoir en être dispensée, elle s'inquiète de l'intérêt de ce qu'elle racontera, et s'excuse avant de commencer de « parler mal ». Installée dans un petit bureau, avec des rayonnages de bibliothèque derrière elle, elle regarde, effarouchée, la caméra, répond par monosyllabes, finit à peine ses phrases, tout en s'appliquant du mieux qu'elle peut à rassembler ses souvenirs et ses impressions. Le plus touchant, c'est cet aveu qu'elle fait : « L'histoire d'Izieu, j'y pensais, j'y pensais beaucoup. Ça ne s'estompait pas, non, ça ne s'estompait pas. » Elle ne s'était jamais remise de cet ébranlement, se revoyant sans cesse, à la colonie. Quand elle arrivait de bon matin, les enfants accouraient vers elle pour lui serrer la main et lui dire « Bonjour, mademoiselle ». Elle aimait ce moment.

À en croire les responsables du Mémorial, la séance d'identification a été fructueuse. L'ancienne institutrice d'Izieu réalise qu'elle ne figure sur aucune photo. En est-elle vexée ? Aucunement, sachant que les clichés étaient pris lors de promenades ou en dehors du temps de la classe. Tout s'est ligué pour ne pas retenir sa présence. Sa trace a d'abord été perdue, puis retrouvée. Après l'arrestation de Klaus Barbie et le procès, elle ne sera pas pour autant placée au premier plan.

Alors que de la mi-octobre 1943 aux premiers jours d'avril 1944, les pensionnaires ont travaillé avec elle, il ne reste presque plus rien. Dans son carnet de fonctionnaire qui mentionne son arrivée à la colonie le 18 octobre 1943 et sa suppléance à Ambléon le 21 avril 1944, la rafle n'est notée nulle part. Parmi les témoignages, il y a le petit Georgy qui détaille pour sa mère ce qu'il fait en classe : le matin, écriture et calcul, l'après-midi, dictée et exercice de grammaire, plus les leçons à apprendre. Il a un crayon à mine, des crayons de couleur, un buvard, et sans doute est-il un des rares à avoir reçu un cartable. Plusieurs lettres ont été conservées, mais une partie des dessins retrouvés sur place date d'avant-guerre, quand la maison accueillait les enfants de la paroisse de Belley. Le pupitre qui a été découvert au grenier par les occupants suivants date d'avant la guerre. Quant à son cahier de classe où elle notait ses préparations, Gabrielle est bien triste de l'avoir perdu.

À part le sifflet du petit Raoul, il reste la liste, établie de ses mains, sur une feuille à petits carreaux, des élèves répartis par niveau et quelques annotations et les sujets de rédaction qu'elle a choisis. On sait aussi que c'est elle qui a suggéré à ses élèves de faire des dessins pour l'anniversaire de la directrice, le 13 janvier 1944. Pour ses 37 ans, Sabine Zlatin recevra donc des dessins faits avec cœur et accompagnés des vœux enfantins. Par les lettres des enfants qui la citent abondamment, on voit Gabrielle jouer son rôle de maîtresse qui suit les enfants, surveille leurs progrès, et leur donne une instruction dont ils ont été privés depuis des mois.

Parmi les photos prises à l'été 1943, rien de plus logique que son absence : ce sont les vacances, et elle n'est pas encore nommée. Quand Marie-Louise Bouvier, la nièce des Perticoz, photographie les enfants dans le pré en bas de la maison, c'est le dimanche qui précède la rafle. Pas de raison non plus qu'elle soit là.

Il y a aussi des photos d'identité que les enfants ont avec eux dans leurs maigres bagages et qu'ils échangent après avoir écrit au dos leur nom, une date ou un mot. Rien à voir avec la photo habituelle prise dans le hall de l'école ou la cour de récréation par le photographe qui place les enfants, les plus petits accroupis au premier rang, et les plus grands derrière, avec la maîtresse au milieu. Il n'y en aura pas. Une fois encore, aucune image d'elle.

Tout au long de ces trois jours, deux équipes, l'une de France Culture et l'autre de France 3, enregistrent les conversations et filment les témoins qui ont séjourné à Izieu. Des souvenirs leur reviennent subitement parce qu'ils sont à nouveau dans les lieux que certains n'avaient jamais revus, et qu'ils se sentaient comme projetés dans le passé. C'est parfois brutal. À l'évocation d'une partie de cache-cache dans le jardin ou d'une promenade jusqu'à la cascade de Glandieu, les uns sourient, les autres pleurent parce que leur reviennent en mémoire les disparus : « Miron qui, raconte Claude Raiz, tape sur la table pour obtenir le calme, ou Claudine et Mina à qui il donne la main, lui, fils unique qui aime les petits. » Pour Henry Alexander, son meilleur souvenir, c'est le grand-père Perticoz qui lui apprend à ne pas bouger pour que les abeilles ne le piquent pas. D'autres encore souffrent de n'avoir quasiment aucun souvenir.

À l'époque, ils ne prêtent guère attention à cette grande maison haut perchée. On leur parle peu, on ne leur explique quasiment rien de leur situation. Ils sont souvent très jeunes, à peine 10 ans, ayant appris depuis peu le français. Depuis le début de la guerre, ils ont été trimbalés d'un lieu d'hébergement à un autre, d'un pensionnat à une famille d'accueil quand leurs parents, leurs oncles, tantes ou cousins ont déjà été « pris », comme on dit pudiquement. Eux ne pensent qu'au jour où ils les reverront, et ne s'intéressent pas à l'endroit où de grandes personnes, souvent inconnues d'eux, les conduisent en leur intimant l'ordre de se taire. Les frères Edmond et Alfred Adler, par exemple, restent là à peine deux semaines avant d'être placés dans des familles d'accueil en Haute-Savoie. Élevés dans une famille pratiquante, ils se sont plaints de ne pas avoir de livres de prières. Ils doivent la vie sauve à leur départ de la colonie avant la date prévue.

C'est une belle journée pleine d'émotions, de rires et de larmes retenues. Pour la clore, avant le dîner qui doit les réunir, ils posent tous ensemble pour une photo, sur la fameuse terrasse, avec derrière les à-pics du Bugey, cinquante-huit ans après. On ne voit pas Gabrielle. Elle est déjà partie.

Visiblement émue, désireuse de laisser les « anciens » entre eux, elle s'est échappée. C'était déjà beaucoup de partager ses souvenirs et d'aider à transmettre aux nouvelles générations cette histoire qui, croyait-elle, « n'intéressait qu'elle », et cela lui met chaque fois du baume au cœur.

Belley, 12 mars 2007

Faux et archifaux ! s'exclament les habitants d'Izieu quand ils découvrent le téléfilm *La Dame d'Izieu,* diffusé en deux parties par TF1 le 12 mars 2007, avec Véronique Genest dans le rôle de Sabine Zlatin. Les premières images du film montrent une femme aux cheveux blancs arrachant le lierre qui recouvre la plaque commémorative sur la façade de la maison comme si plus personne ne se souvenait plus de ce jour maudit. Les Perticoz, les voisins, sont bien placés pour le savoir : tous les ans, l'ancienne directrice envoie de l'argent pour qu'on plante des pensées, de telle sorte que la plaque soit toujours fleurie. Elle-même y vient le 31 juillet, date anniversaire de son mariage avec Miron. Et, depuis 1946, les cérémonies de commémoration de la rafle du 6 avril 1944 débutent par un arrêt au pied du monument de Brégnier-Cordon. La commune le fait fleurir à l'occasion de chaque cérémonie républicaine (8 mai, 14 juillet, 11 novembre), mais aussi pour les fêtes de la Toussaint.

Personne ne reconnaît les lieux du film, et pour cause,

le tournage a eu lieu en République tchèque. Véronique Genest est venue une seule journée en visite au Mémorial, sans se faire connaître, découvrant, comme elle le dit dans une interview au *Figaro*, les photos des « vrais enfants ». Le succès est cependant au rendez-vous. Deux lundis de suite, à 20 h 50, les téléspectateurs sont bouleversés, la rafle d'Izieu fait son entrée dans les foyers à une heure de grande écoute.

Chez elle, devant la télévision, Gabrielle est triste. Indignée surtout. Plusieurs scènes la choquent. Elle s'en ouvre à ses proches et à l'équipe du Mémorial dans une lettre qui montre à quel point elle a été blessée par le film, tout en reconnaissant qu'il servira à faire connaître l'histoire de la colonie au grand public.

Au lieu de voir à l'écran Mme Zlatin telle qu'elle l'a connue, c'est-à-dire « grande et fière, cheveux courts, en pantalons, allure un peu masculine, et accent bien personnel », l'actrice qui l'incarne est une jeune femme froufroutante aux petites robes à fleurs, aux longs cheveux roux, aux élégants chapeaux.

Quant à Léa, jouée par une jeune actrice qu'elle trouve « mignonne », elle n'a rien à voir avec la vraie, « douce, calme, sérieuse » aide-monitrice qu'elle avait connue. Autre déception, la doctoresse, Suzanne Reifman, si attentive et soucieuse de la santé des enfants, qui remplaçait souvent la directrice pendant ses absences, est à peine mentionnée.

La manière dont la jeune actrice, Julie Duchaussoy, bien plus jolie qu'elle, joue son rôle la gêne parce que la comparaison est « bien trop flatteuse pour elle ». Ce qui la mortifie, c'est d'être montrée comme une maîtresse chahutée dans sa classe. La colère l'a saisie quand elle s'est vue dans une scène de chahut. À bout de forces, face à ses élèves déchaînés, gesticulant et criant, l'actrice éclate en sanglots et sort de la pièce, prête à démissionner. Jamais, au grand jamais, une telle chose ne s'est produite ! Jamais les enfants, même les plus dissipés, ne lui ont manqué de respect. Ils lui obéissaient sans qu'elle ait besoin d'élever la voix. S'il lui arrivait de se sentir débordée, ses élèves ne s'en apercevaient pas vraiment, et la plupart du temps se tenaient bien. Jamais ils n'auraient envoyé comme dans le film des boules de papier, vu qu'il n'y en avait pas ! Et il était bien trop précieux pour l'utiliser de la sorte. Les enfants en réclamaient sans cesse pour faire des dessins, et elle en avait besoin pour les dictées. Autre erreur, la classe, telle qu'elle est reconstituée dans le film, n'a rien à voir avec la réalité qu'elle a connue. La belle carte murale de la géographie de France, parlante au recto et muette au verso, accrochée dans toutes les écoles primaires, devant laquelle elle est censée s'énerver, était malheureusement absente. Comme elle aurait aimé en avoir une et interroger ses élèves sur les départements ou le nom des fleuves et des montagnes !

Si elle a toujours l'esprit vif, elle se déplace moins, l'âge venant, préférant lire ou tricoter chez elle. La disparition de Marius, le 7 avril 2004, avec qui elle a été mariée trente et un ans, lui cause un grand chagrin. Selon sa volonté, il est enterré dans le caveau de sa famille, à Virieu-le-Petit, où il avait gardé sa maison natale. C'était devenu leur maison d'été où ils recevaient tout le monde dans une ambiance chaleureuse.

Depuis sa disparition, elle utilise le plus clair de son temps pour voir ses amis hospitalisés. À force de multiplier les visites, on la croit bénévole ! C'est tout bonnement sa gentillesse naturelle qui la pousse à s'occuper de ses connaissances malades ou invalides.

Jamais elle ne perd le fil de la mémoire de la guerre, quand elle choisit ses livres à la bibliothèque ou qu'elle regarde un film à la télévision. Lors de la commémoration du soixantième anniversaire de la libération des camps, en janvier 2005, elle est souffrante et s'abstient de monter à Izieu pour la visite de Jean-Pierre Raffarin, alors Premier ministre. Mais, à la fin de l'année, en novembre, elle assistera au cinéma L'Arlequin à Belley à la projection du film de Patrick Rotman, *Les Survivants*, dans lequel des rescapés témoignent et décrivent les atrocités dont ils ont été victimes. *La Voix de l'Ain* la photographie dans la salle, la main sur la bouche, le regard effrayé par les images diffusées sur le grand écran.

Au printemps 2009, l'équipe du Mémorial remarque son absence. Elle s'est excusée. C'est la première fois qu'elle ne vient pas.

La Maison d'Izieu,
6 avril 2010

« La classe est jolie, il y a deux tablaux, il y a un poêl, des cartes de geographie, des image sur les mur, il y a 4 fenetres, je mamuse bien, Il y 15 buraux [...] en classe le matin on fait de l'ecriture du calcul. Lapré midi on fait une dictée ou un devoir de grammaire est quand on saie on aprent des leçon, une resitations, des verbes la table de 1 de 2 de 3 de 4 de 5 de 7 de 8 de 9 de dix. On fait des conpositions j'ai u 64 points edemi j'ai etait le troisième sur 8. »

À côté de la lettre de Georgy accrochée au mur de la classe, la photo de Gabrielle, au regard doux et au sourire bienveillant, rappelle aux visiteurs de la Maison d'Izieu que, de l'automne 1943 au printemps 1944, des écoliers se sont assis derrière ces pupitres en bois, heureux d'apprendre à lire et à écrire, se croyant à l'abri, espérant revoir bientôt leurs parents. Un tableau de la répartition des enfants selon leur niveau, écrit de la main de Gabrielle, ainsi que quelques-uns des livrets scolaires, récupérés et conservés après la rafle, sont exposés dans une vitrine. On peut lire, à propos des plus grands de la colonie, scolarisés au collège de Belley, un extrait du discours prononcé par le directeur lors de la cérémonie du 6 avril 1946. Rien d'autre que le silence. Par les fenêtres on aperçoit le bassin où les enfants se lavaient face aux montagnes.

6 avril 2010. Un vibrant hommage est rendu à Gabrielle disparue six mois plus tôt. Simone Veil, ancienne déportée et ancienne présidente du Parlement européen, dont c'est la première visite à Izieu, met en garde les générations à venir : « Il ne suffit pas de ne pas oublier. »

La liste des 44 enfants et des 7 éducateurs raflés le 6 avril 1944, avec leur nom, prénom, leur âge, leur pays d'origine et le convoi par lequel ils ont déportés est celle établie grâce aux recherches de Serge Klarsfeld. Elle comporte des ajouts et des corrections par rapport aux documents de l'époque et aux informations dont disposait Gabrielle Perrier.

Liste des enfants et moniteurs raflés le 6 avril 1944 à l'école d'Izieu

Nom	Prénom	Âge	Pays d'origine	Convoi de déportation
Enfants déportés et assassinés				
Adelsheimer	Sami	5	Allemagne	71 – 13 avril 1944
Ament	Hans	10	Autriche	75 – 30 mai 1944
Aronowicz	Mina	12	Belgique	71 – 13 avril 1944
Balsam	Jean-Paul	10	France	71 – 13 avril 1944
Balsam	Max-Marcel	12	France	71 – 13 avril 1944
Benassayag	Élie	10	Algérie	71 – 13 avril 1944
Benassayag	Esther	12	Algérie	71 – 13 avril 1944
Benassayag	Jacob	8	Algérie	71 – 13 avril 1944
Benguigui	Jacques	12	Algérie	71 – 13 avril 1944
Benguigui	Jean-Claude	5	Algérie	71 – 13 avril 1944
Benguigui	Richard	7	Algérie	71 – 13 avril 1944
Bentitou	Barouk-Raoul	12	Algérie	71 – 13 avril 1944
Bulka	Albert	4	Pologne	71 – 13 avril 1944
Bulka	Marcel-Majer	14	Pologne	71 – 13 avril 1944
Friedler	Lucienne	5	Belgique	76 – 30 juin 1944
Gamiel	Egon	9	Allemagne	71 – 13 avril 1944
Gerenstein	Liliane	11	France	71 – 13 avril 1944
Gerenstein	Maurice	13	France	71 – 13 avril 1944
Goldberg	Henri-Chaïm	13	France	71 – 13 avril 1944
Goldberg	Joseph	12	France	71 – 13 avril 1944
Halaunbrenner	Claudine	5	France	76 – 30 juin 1944

Halaunbrenner	Mina	8	France	76 – 30 juin 1944
Halpern	Georgy	8	Autriche	71 – 13 avril 1944
Hirsch	Arnold	17	Allemagne	73 – 15 mai 1944
Kargeman	Isidore	10	France	71 – 13 avril 1944
Krochmal	Liane	6	Autriche	71 – 13 avril 1944
Krochmal	Rénate	8	Autriche	71 – 13 avril 1944
Leiner	Max	8	Allemagne	71 – 13 avril 1944
Levan-Reifman	Claude	10	France	71 – 13 avril 1944
Loebmann	Fritz	15	Allemagne	71 – 13 avril 1944
Luzgart	Alice-Jacqueline	10	France	75 – 30 mai 1944
Mermelstein	Marcel	7	Belgique	74 – 20 mai 1944
Mermelstein	Paula	10	Belgique	74 – 20 mai 1944
Reis	Théodor	16	Allemagne	73 – 15 mai 1944
Sadowski	Gilles	8	France	71 – 13 avril 1944
Spiegel	Martha	10	Autriche	71 – 13 avril 1944
Spiegel	Senta	9	Autriche	71 – 13 avril 1944
Springer	Sigmund	8	Autriche	71 – 13 avril 1944
Szulklaper	Sarah	11	France	71 – 13 avril 1944
Tetelbaum	Herman	10	Belgique	71 – 13 avril 1944
Tetelbaum	Max	12	Belgique	71 – 13 avril 1944
Weltner	Charles	9	France	75 – 30 mai 1944
Wertheimer	Otto	12	Allemagne	71 – 13 avril 1944
Zuckerberg	Émile	5	Belgique	71 – 13 avril 1944

Personnels d'encadrement déportés et assassinés

Feiger	Lucie	49	France	72 – 29 avril 1944
Friedler	Mina	32	Pologne	76 – 30 juin 1944
Levan-Reifman	Sarah	36	Roumanie	71 – 13 avril 1944
Reifman	Eva	61	Roumanie	71 – 13 avril 1944
Reifman	Moïse	63	Roumanie	71 – 13 avril 1944
Zlatin	Miron	39	Russie	73 – 15 mai 1944

Survivante

Feldblum	Léa	26	Pologne	71 – 13 avril 1944

Rescapé

Reifman	Léon	30	Roumanie	

Source : Pierre-Jérôme Biscarat, *D'Izieu à Auschwitz. Des enfants dans la Shoah*, Librio, 2014.

Bibliographie indicative

BISCARAT, Pierre-Jérôme, *Dans la tourmente de la Shoah. Les enfants d'Izieu*, Fayard, nouvelle édition, 2014.

BISCARAT, Pierre-Jérôme, *D'Izieu à Auschwitz. Des enfants dans la Shoah*, Librio, 2014.

FRESCO, Nadine, *La Mort des juifs*, Seuil, « Librairie du XXIe siècle », 2008.

HANDOURTZEL, Rémy, *Vichy et l'École, 1940-1944*, Noêsis, 1997.

HAZAN, Katy, *Le Sauvetage des enfants juifs pendant l'Occupation dans les maisons de l'OSE, 1938-1945*, Somogy, 2009.

HOUZÉ, Kathel, BAILLY, Jean-Christophe, *La Colonie des enfants d'Izieu. 1943-1944*, Libel, 2012.

KLARSFELD, Serge, *Les Enfants d'Izieu, une tragédie juive*, Fils et Filles de déportés juifs de France, 1984.

KLARSFELD, Serge, *En souvenir de Georgy. Lettres de la maison d'Izieu, 1935-1944*, Aperture, 2002.

NIEDERMANN, Paul, *Un enfant juif, un homme libre. Mémoires*, Info Verlag, « Bibliothèque Lindemann », 2012.

OZOUF, Jacques, *Nous les maîtres d'école. Autobiographies d'instituteurs de la Belle Époque*, Folio histoire, 1993.

SAINT-PIERRE, Dominique, *Gertrude Stein, le Bugey, la Guerre. D'août 1924 à décembre 1944*, Musnier-Gilbert, 2009.

SCHITTLY, Richard, *Izieu, l'innocence assassinée*, Éditions Comp'Act, 1994.

STEIN, Gertrude, *Les guerres que j'ai vues*, Christian Bourgois, 2011.

WAYSBORD, Hélène, *Alex ou le porte-drapeau*, Christian Bourgois, 2014.

ZLATIN, Sabine, *Mémoires de la « Dame d'Izieu »*, Gallimard, « Témoins », 1992.

Voir aussi
Le procès Barbie 11 mai 1987-4 juillet 1987, Direction éditoriale et artistique : Dominique Missika. Direction artistique et réalisation : Phillipe Truffault Coffret AUD. Arte éditions. 2011
Le site Internet « Maison d'Izieu, mémorial des enfants juifs exterminés », www.memorializieu.eu

Table

IMPRESSION : CPI FIRMIN DIDOT AU MESNIL-SUR-L'ESTRÉE
DÉPÔT LÉGAL : MARS 2014. N° 114210-3 (123248)
IMPRIMÉ EN FRANCE